农村公路服务质量评价理论与方法研究

夏明学 ◎ 著

中国财经出版传媒集团

经济科学出版社

Economic Science Press

图书在版编目（CIP）数据

农村公路服务质量评价理论与方法研究/夏明学著
. -- 北京：经济科学出版社，2022.11
ISBN 978 - 7 - 5218 - 4245 - 6

Ⅰ.①农… Ⅱ.①夏… Ⅲ.①农村道路 - 公路管理 -
质量评价 - 中国 Ⅳ.①U418

中国版本图书馆 CIP 数据核字（2022）第 253346 号

责任编辑：胡成洁
责任校对：王京宁
责任印制：范　艳

农村公路服务质量评价理论与方法研究
夏明学　著
经济科学出版社出版、发行　新华书店经销
社址：北京市海淀区阜成路甲 28 号　邮编：100142
总编部电话：010 - 88191217　发行部电话：010 - 88191522
网址：www. esp. com. cn
电子邮箱：esp@ esp. com. cn
天猫网店：经济科学出版社旗舰店
网址：http://jjkxcbs. tmall. com
北京季蜂印刷有限公司印装
710 × 1000　16 开　13.25 印张　210000 字
2022 年 11 月第 1 版　2022 年 11 月第 1 次印刷
ISBN 978 - 7 - 5218 - 4245 - 6　定价：65.00 元
（图书出现印装问题，本社负责调换。电话：010 - 88191510）
（版权所有　侵权必究　打击盗版　举报热线：010 - 88191661
QQ：2242791300　营销中心电话：010 - 88191537
电子邮箱：dbts@ esp. com. cn）

前　言

　　服务质量评价是服务管理研究领域的重要内容，国内外交通运输领域的服务质量管理研究在过去的十几年中取得了明显的进展，但针对农村公路服务质量管理的研究极其有限。作为公共产品（服务）领域的服务质量评价的主题之一，农村公路这种公共设施的服务质量评价的理论研究还刚刚开始。因此，本书的研究具有较强的现实意义，也具有一定的理论价值。

　　本书对有关管理部门和学者对农村公路定义的不一致进行了分析，进一步明确了农村公路作为公共基础设施和服务社会经济发展的根本特性；借鉴服务经济和服务管理的理论成果，定性分析了农村公路服务的内涵及本质特性——它是一种公共服务；继而在公共服务管理和经典的服务质量形成模型的分析基础上，探讨了农村公路服务质量由用户感知和农村公路部门支持共同作用的质量形成机理；同时，指出用户感知的农村公路服务质量由道路质量、安全质量、环境质量、行为质量、信息质量、紧急救助、成本费用7类要素组成；农村公路部门支持的服务质量由人员质量、管理质量、设施质量、信息质量和流程质量5类要素组成。根据"用户－农村公路部门"二元主体的服务质量形成机理模型，构建了分别测量两类质量的评价指标体系以及评价模型，在科学性、适用性、可操作性等原则下，确立了以问卷调查和结构化访谈为调查和数据收集方式，以结构熵权法、主客观赋权法确定各级各类指标权重，以SPSS模型检验与计算作为整体评价思路与方法，汇总计算得出评价对象的服务质量评价结果。本书最后利用我国中部 S 省的问卷调查数据对评价模型和评价方法进行了实证检验，组合使用 Kano 模型与改进的 IPA 法对该省的服务质量要素改进进行了分析与探讨，并提出了相应的对策建议。

本书研究表明：（1）从"用户－农村公路部门"二元主体出发进行农村公路服务质量评价较以往研究单纯从用户导向出发或从服务供给部门出发更能反映我国农村公路建设、运营、管理的实际情况；（2）基于"服务质量概念确定—服务质量形成机理—服务质量维度分析—服务质量测量评价"的服务质量形成及评价逻辑体系建立的"用户－农村公路部门"的农村公路服务质量评价模型与评价方法将农村公路服务质量管理全面引入用户导向为主、公共部门管理为辅的管理框架中，并经 S 省的实证检验，为提高农村公路服务管理水平提供了可借鉴、可操作的方法与工具。

本书的创新既有农村公路服务管理领域理论研究方面的创新，也有农村公路服务质量评价模型与方法上的创新，具体表现在以下几个方面。

（1）综合运用公路经济学、服务管理学、服务经济学、公共管理学、质量管理学、统计学等学科的理论与方法，按照"服务质量概念确定—服务质量形成机理—服务质量维度分析—服务质量测量评价"的服务质量形成及评价的逻辑体系，对影响农村公路服务质量的要素进行了系统的分析与归纳，构建了"用户－农村公路部门"的农村公路服务质量形成机理模型，由此建立了可用于评价"用户感知"和"农村公路部门支持"的服务质量的评价指标体系；并对一直以来以活动条件、活动过程、活动环境为静态分析框架的公路服务质量要素分析方法进行了改进，利用关键事件技术，将用户从对农村公路产生服务需求开始一直到接受完服务离开农村公路为止的全部活动过程进行了分析与归纳，基于用户角度对服务管理质量要求的六个维度提出了由 7 项质量要素组成用户感知的农村公路服务质量要素及评价指标，全面将农村公路服务质量管理引入以用户为导向的框架中，为提高农村公路服务管理水平提供了可借鉴、可操作的理论与工具。

（2）首次将"用户－公共部门"二元主体的评价机制与方法引入农村公路服务管理领域，构建了基于"用户－农村公路部门"二元评价主体的农村公路服务质量评价模型，以科学性和实用性为原则，确立了以结构熵权法、主客观综合赋权法为评价指标赋权，并使用线性加权法汇总评价结果这一简易可行的服务质量评价方法，经过对某省农村公路服务质量的实证分析，验证了该方法的可操作性。

（3）拓展了对交通运输领域服务质量评价的认识。评价不是结果而是目的，是为了找到影响服务质量的关键要素、寻找改进服务质量的策略与方法。综合使用确定质量要素功能的 Kano 模型和改进后的用于识别质量改进方向的 IPA 定位法，对经服务质量评价发现存在的不足与问题进行了统计分析与识别，有助于改进和提高农村公路服务质量。该方法简单易行、易于理解，适合作为农村公路服务质量评价总结阶段用于反馈的技术工具。上述研究有助于对以往在交通运输领域进行服务质量评价或绩效评价时只是"重点改进用户实际感知与服务期望差距较大方面"的模糊认识加以明确，也凸显服务质量改进在服务质量评价中的意义和作用。

本书的顺利出版，得益于长安大学经济与管理学院优势特色学科资助计划、国家社科基金西部项目"农村公路财政资金运行管理机制研究"、山西省交通运输厅科技计划项目"基于区域经济发展的山西省农村公路综合服务水平及运营安全研究"的资助，并得到经济科学出版社胡成洁女士的大力支持，在此表示衷心的感谢！

作者
2022 年 7 月于长安大学

目　录

第1章　绪论 ……………………………………………………… 1

1.1　研究背景 …………………………………………………… 1

1.2　研究目的及意义 …………………………………………… 7

1.3　研究思路与方法 …………………………………………… 11

1.4　研究内容与结构安排 ……………………………………… 15

第2章　文献综述与理论基础 …………………………………… 18

2.1　服务质量评价理论与研究方法综述 ……………………… 18

2.2　公共服务质量相关理论与文献综述 ……………………… 28

2.3　农村公路服务质量相关理论与文献综述 ………………… 34

2.4　本章小结 …………………………………………………… 39

第3章　农村公路服务质量及形成机理分析 …………………… 41

3.1　农村公路服务内涵及特性 ………………………………… 41

3.2　农村公路服务质量内涵分析 ……………………………… 57

3.3　农村公路服务质量构成要素分析 ………………………… 65

3.4　农村公路服务质量形成机理 ……………………………… 75

3.5　本章小结 …………………………………………………… 85

第4章　农村公路服务质量评价指标体系设计 ………………… 86

4.1　评价指标的构建原则 ……………………………………… 86

4.2　指标体系构建思路与指标赋值要求 ……………………… 88

4.3　评价指标筛选方法 ………………………………………… 99

4.4 本章小结 ·················· 108

第5章 农村公路服务质量评价模型与方法 ·········· 110
5.1 农村公路服务质量评价原则与流程 ········· 110
5.2 农村公路服务质量评价模型构建 ·········· 114
5.3 农村公路服务质量评价调查方法 ·········· 131
5.4 评价的组织实施 ·············· 135
5.5 本章小结 ················· 137

第6章 农村公路服务质量评价实证研究
   ——基于S省的调研数据 ············ 139
6.1 S省农村公路建设发展概况 ·········· 139
6.2 S省农村公路服务质量调研数据统计分析 ····· 143
6.3 S省农村公路服务质量整体评价 ········· 147
6.4 影响服务质量的因素分析及策略建议 ······· 157
6.5 本章小结 ················· 164

结论 ····················· 166

附录 ····················· 170
   附录1 农村公路用户感知服务质量调查问卷 ······· 170
   附录2 农村公路部门支持服务质量调查问卷 ······· 175
   附录3 农村公路部门支持服务质量评价标准 ······· 178
   附录4 S省农村公路服务管理综合评价标准 ······· 181
   附录5 S省农村公路服务质量用户满意度调查问卷 ····· 183

参考文献 ··················· 187

第1章 绪 论

本章将本书研究的实践背景与理论背景通过笔者所在单位与某省交通运输厅合作开展的一项研究计划引出，接着阐述本书研究的目的及意义，确定研究思路与研究方法，以及研究的主要内容架构。

1.1 研究背景

本书研究的问题来自近年来长安大学经济与管理学院对外承担的以下几项科研任务。

"十一五"以来，为了进一步促进农村社会经济发展、提高广大农民群众生活质量，国务院、交通运输部在综合交通运输发展规划中把大力发展农村公路放到了首位，并于2005年颁布了《全国农村公路建设规划》。规划指出要将农村公路的发展由"九五""十五"期间的区域分布、通车里程等"量"的发展转向同时要满足提高对所在区域社会经济发展服务水平的"量""质"并重的轨道上来。

S省是我国中部资源大省，山区丘陵占全省面积的2/3，公路建设难度较大。地理位置的特殊性使S省较早重视农村公路建设。21世纪的前15年间，全省通过各种渠道累计投资420余亿元，完成各级各类农村公路建设项目逾30万千米，并且在全国率先实现了农村交通"三个全覆盖"：即具备条件的建制村通水泥（油）路、通客车、街巷硬化"全覆盖"，已经初步形成县城通高速、乡村通油路、城乡互通、村村连通的农村公路网。农村公路的快速发展，使得 S 省广大农民的出行条件、出行方式得到了极大的改善，农村区域经济快速发展、农民收入明显增加，加快了社会主义新农村建设进程。

在取得显著成效的同时，区域之间发展差异较大、整体技术等级偏低；路网结构以树形为主，布局规划不尽合理；养护管理水平较低、安保设施不完善甚至部分公路出现了"油返砂"的严峻形势以及"通返不通"和"通而不畅"等日益凸显的服务水平问题仍然困扰着该省农村公路的良性、可持续发展。

"十三五"期间，笔者所在学院又承担了 S 省 X 市、J 市、S 市等地市的综合交通运输发展"十三五"发展规划编制项目。经过十年的发展，该省农村公路建设在数量上和覆盖率上又有了较大发展，但是离党中央和习近平同志提出的"四好农村路"要求还有不小的差距。伴随着农村公路的快速发展，结构性矛盾和服务水平跟不上的问题日益凸显，一个个越来越清晰的问题摆在研究者面前，那就是：建了这么多数量的农村公路，到底为社会经济发展做出了多大贡献，为新农村建设、改善民生做出了多大贡献；我们的农村公路到底是怎样的一个服务水平，群众满意不满意；在未来的农村公路建养管等活动中应该注意和改进什么？对于这些问题的解答和研究促成了 S 省交通运输厅科技计划项目，我们发现无论是农村公路对经济社会的贡献问题，还是广大农村居民对所在地区农村公路服务水平的满意度问题，本质上都是农村公路的服务管理问题，是农村公路的供给方（建设、养护、运营管理部门）满足什么样的需求提供道路、按照什么样的建设、养护、运营、管理标准来提供服务、按照什么样的标准去衡量农村公路的服务是否满足了广大农民群众的真实需求。带着对这些问题的进一步剖析与探索，初步建立农村公路服务质量管理的理论与评价方法就成了本书研究的主要任务。

1.1.1 实践背景

公路交通对国民经济和社会发展具有巨大的保障和推动作用。[①] 无论

---

① 郗恩崇. 公路经济学 ［M］. 北京：人民交通出版社，1999.

从西方发达工业国家的经济发展历程还是我国改革开放 40 多年来的发展实践都可以证明，交通运输业的发展是影响经济发展和工业化进程的重要因素。公路建设使得区域内的商业交流和人员流动大大增强，经济水平不断提升，区域经济结构由小规模、稳定状态转向大规模、持续发展状态；同时，该地区的产业结构、产品结构和人口结构等也会发生较大变化，特别是城市化进程明显加快。

根据区域经济学中"地理环境决定论"的观点，公路交通设施落后是导致贫困的重要原因之一，脱贫致富、发展经济的关键在于通过交通设施的修建，从而快速将贫困地区和外界联系起来。"要想富、先修路"，公路的修建使得贫困地区的各种资源能够得到充分利用，加快与外界的商品交流，促进了以工业、商业为核心的相关产业的发展，进而促进区域经济的发展。我国幅员辽阔，用有限的财力去支撑规模庞大的公路网建设不切实际。为了快速发展经济，迅速实现资源、技术、产品的时空转移，从 20 世纪 80 年代起，开始了以政府还贷收费和特许经营权转让为主要经营方式的大规模高速公路建设，由此促进了以高速公路产业带理论和公路建设项目国民经济评价为主体的研究与实践工作：1985 年我国第一条世界银行贷款修建的公路——西安—三原一级专用公路就严格按照国际通用的项目经济评价办法进行可行性论证；1988 年 6月，交通部颁发了《公路建设项目经济评价办法》，首次提出了一整套适用公路项目的经济评价办法和指标参数体系；高速公路对产业带的形成起着十分重要的先导和支撑作用，[①] 研究表明，高速公路对影响区内区域经济的影响远远超过其他公路。[②] 因此，公路建设单位和地方政府都非常重视公路建设项目对所在区域的社会影响和国民经济发展的作用，但是由于资源的稀缺性和不同等级公路建设所需资金数额差异，投资额较大的高速公路和等级公路的可行性研究和工程概预算比较受到重视和关注，也产生了大量的公路建设质量控制和建设项目规划可行性研究的实践成果。

随着《国家干线公路网（试行方案）》（1981 年）、《国道主干线系统规划》（1992 年）、《国家高速公路网规划》（2004 年）、《国家公路网规划

---

① 吴丽萍，陈传德. 高速公路产业带的经济意义 [J]. 经济论坛，2001（1）：15.

② 巫东浩. 高速公路产业带评价理论与方法 [J]. 中国软科学，1997（1）：108－111.

(2013～2030)》(2013 年)① 等规划方案的相继出台,我国公路发展掀开了新的一页。2022 年发布的《国家公路网规划》显示,到 2035 年,我国将建成总里程达 46.1 万千米,国际省际互联互通、城市群间多路连通、城市群城际便捷畅通、地级城市高速畅达、县级节点全面覆盖、沿边沿海公路安全可靠连续贯通的现代化高质量国家公路网;② 2005 年颁布实施的《全国农村公路建设规划》是国家层面首次出台的农村公路建设专项规划,规划目标为:到"十二五"末,所有具备条件的乡(镇)和建制村公路通达率达到 100%,基本形成便捷、安全、舒适,具有较高服务水平的农村公路网络,极大改善农民的出行条件和出行水平,为全面建设小康社会奠定基础。③

交通运输部 2014 年发布的《2003～2013 全国农村公路统计手册》显示,截至 2013 年底,全国农村公路总里程达到 378.5 万千米,其中等级公路里程 321.2 万千米,约占 84.86%;有铺装路面里程 244.5 万千米,铺装率达到 64.6%;乡镇通达率和通畅率分别达到 99.97% 和 97.81%;建制村通达率和通畅率达到 99.70% 与 89%。④ 我国农村公路的道路条件得到了极大的改善,方便快捷、结构合理、质量提升的农村公路网基本形成;农村公路护管理和质量保证的长效机制初步形成;切实保障农民出行安全的监管机制和监管水平不断提高;服务广大农民群众基本出行需求的城乡公交客运蓬勃发展。在看到可喜成绩的同时,更要清醒地认识到农村公路发展仍然存在着东部与西部地区发展不平衡、经济发达地区与经济落后地区发展不平衡、迟迟得不到有效解决的养护任务重与资金不足的矛盾、严峻的道路交通安全问题、农村公路客货运输服务水平和能力仍显不足等不容忽视的问题。

习近平同志指出:农村公路建设要因地制宜、以人为本,与优化村镇

---

① 中华人民共和国国家发展和改革委员会. 国家公路网规划(2013～2030)[EB/OL]. http://zfxxgk.ndrc.gov.cn/PublicItemView.aspx? ItemID = {93c7d13b-aa0d - 4beb - 955e - 268ad ade8a8f}.

② 中华人民共和国国家发展和改革委员会,交通运输部. 国家公路网规划[EB/OL]. https://www.ndrc.gov.cn/xwdt/tzgg/202207/t20220712_1330359.html? code = &state = 123.

③ 中华人民共和国国务院. 全国农村公路建设规划[EB/OL]. http://www.gov.cn/ztzl/ 2005 -09/17/content_64455.htm.

④ 中华人民共和国交通运输部. 2003～2013 全国农村公路统计手册[R]. 2014.

布局、农村经济发展和广大农民安全便捷出行相适应，要进一步把农村公路建好、管好、护好、运营好，逐步消除制约农村发展的交通瓶颈，为广大农民脱贫致富奔小康提供更好的保障。[①]

在 2014 年的全国农村公路工作会议上，交通运输部部长杨传堂指出：新常态、新形势时期，我国农村公路发展必须要走提质增效、科学发展之路，要把以前的"会战式"、全面铺开式建设转向规范化、重点发展转变、把以前只注重建设，以满足社会经济发展和农民出行需求的发展思路向建养运管并重、引导农村经济发展转变。[②]

2019 年，中共中央、国务院印发《交通强国建设纲要》，纲要指出要形成广覆盖的农村交通基础设施网。全面推进"四好农村路"建设，加快实施通村组硬化路建设，建立规范化可持续管护机制。促进交通建设与农村地区资源开发、产业发展有机融合，加强特色农产品优势区与旅游资源富集区交通建设。2021 年，交通运输部发布《农村公路中长期发展纲要》，纲要指出要以推动"四好农村路"高质量发展为主题，推动农村公路发展质量变革、效率变革、动力变革，提升服务品质、提高服务效率、拓展服务功能，为全面推进乡村振兴提供有力支撑。

农村公路发展必须要以满足广大农民群众的意愿为根本，提高农村客、货运服务水平，推动城乡公交客运一体化；必须更加注重由提供基本出行条件向保障安全便捷出行、提升整体服务能力转变，加强对农村公路各项工作的考核和评价；必须努力推进建设、养护运营、管理协调发展，促进城乡基本公共交通运输服务均等化和全面乡村振兴的实现。

在上述指导原则与发展趋势下，农村公路的建设与发展不仅要真正服务"三农"，聚焦打赢脱贫攻坚战、实施乡村振兴战略和统筹城乡发展，更要切实提供安全、便捷的运输条件，全面提升综合服务管理水平，实现公路"取之于民，用之于民"的根本目的。

农村公路是保障农民生产的出行、支持农业和农村经济发展的重要基础设施。农村公路的建设、养护、管理等活动的根本目的是为广大农民群众提供优质的服务。要想大力提高农村公路通行能力和服务水平，必须建

---

①　人民网，http：//politics. people. com. cn/n/2014/05/19/c1001 - 25032048. html。

②　交通强国建设纲要［M］. 北京：人民出版社，2019.

立服务理念，明确需求、满足需求；必须对其服务质量进行全面、客观、科学的评价，并提出改进的对策和措施。

如何通过服务质量要素确定及评价体系设计来帮助农村公路供给部门及时发现建设及运营管理过程中的问题，降低社会各界对公路发展的"重建养、轻服务"的质疑，全面提升农村公路的服务质量，提高农村公路用户的满意度，进而从理论层面支持我国公路交通向更高阶段的发展，构成了本书最核心的实践背景。

1.1.2 理论背景

1992 年，陈东峰等提出了公路服务水平的概念和初步的评价方法，[①] 其后有很多学者对公路服务管理或公路服务水平的基础理论展开了研究，例如关于公路服务的特性分析与经济学分析，[②] 公路建设质量管理，高速公路的服务设施、服务体系设计、服务质量指标体系、服务质量评价方法等，并取得了卓有成效的进展。但学界在农村公路服务水平或服务管理方面却关注较少，也没有形成较有影响力、较为统一的理论体系。

服务质量是服务管理的核心内容，是提供产品或服务的企业或组织赢得市场、获得顾客满意、赢得顾客忠诚的关键所在。20 世纪 60 年代以来，在世界范围内以服务业为核心的第三产业开始在国民经济中占据越来越重要的份额，对服务管理的关注和研究就成为管理学的重要内容，服务管理被当作企业管理的重要组成部分。由于我国大部分高速公路是由高速公路经营公司收费经营的，带有较为明显的商品特征，提供的是有偿服务，所以参考和借鉴已有的服务管理理论与方法去探索高速公路的服务质量与服务管理不仅是高速公路公司的现实需要，也是服务管理相关理论在公路交通领域的有效延伸。目前，高速公路服务质量的重要作用已得到了普遍认可，也是公路交通服务质量研究的热点领域，

---

① 陈东峰，王志士，宋景禄. 公路服务水平模糊综合评判法 ［J］. 中国公路学报，1992 （4）：68 – 75.

② 李晓明，胡长顺. 公路服务的性质及其生产与市场结构 ［J］. 长安大学学报（自然科学版），2003 （6）：66 – 70.

但数量更多的非收费公路尤其是以国家公路网"毛细血管"身份存在的数量和规模更大的农村公路的服务管理却较少受到关注。随着我国经济增长方式的转变，公路交通的发展已经由粗放式的"量的满足"转变到以"质的提升"为重、量质齐升的道路上来，质量对农村公路发展的重要性成为交通运输领域服务管理的研究热点，有学者开始关注农村公路的建设、养护管理等服务管理问题（吴焱、牛佳棠，2013），但是到目前为止很少有学者系统性地对农村公路服务质量评价的相关理论进行研究。

从公路的特性来看，农村公路的服务管理质量或服务质量问题是一种有别于高速公路服务管理的"公共产品"服务管理。其中，农村公路与其他公路一样也向公路使用者提供了基本的通行服务，这是最基本的服务关系；同时，具有"公共产品"属性的农村公路供给方与需求方之间又不存在商品交换关系、不存在顾客"用脚投票"行为，这种关系是研究农村公路的服务管理（服务质量）理论时必须要把握的根本出发点。已有的关于农村公路服务管理的文献虽然对供给方提供的服务要素进行了一定的探索性研究，但是公路使用者（用户）究竟是通过什么样的标准去判断、衡量供给方提供的服务水平高低，到底对农村公路的建设与发展能打多少分，供给方到底应该注意改进什么，如何实现公路建设与社会经济发展、民生改善相适应？目前已有的理论研究不够深入，更缺乏必要的实证研究。

1.2 研究目的及意义

1.2.1 研究目的

在农村公路建设运营过程中，人们最关心的往往是农村公路有没有以最快的速度、最大规模覆盖每一个需求节点（乡、镇、村），有没有实现"村村通""全覆盖"，有没有努力实现公共服务的基本均等化。由于农村公路的定位，对其交通服务质量的关注度并没有像对高速公路那样高。有学者认为，对高速公路交通服务质量进行分析与评价是解决我国高速公路运营中出现问题的关键。① 相比令人瞩目的高速公路发展成就，我国农村公路才刚刚解决"量"上的基本满足，仍存在建养资金明显不足、建制村通畅率较低、养护管理水平较低等问题。② 现有的理论研究和实务工作仍集中在解决资金和养护问题上，无暇顾及内容更多、要求更高的服务能力和服务水平。

由于在社会属性和功能定位上与高速公路等干线公路的本质区别，农村公路服务管理和服务质量评价无法直接借鉴已有的高等级公路方面的研究成果。农村公路分布广、密度大，其通行能力和通达性无法和干线公路相比，其评价方法和评价指标的选取自然就不能直接采用高速公路等干线公路的相应指标与方法。③ 农村公路建设的主要目的是解决基础设施落后、人员及物资交流不畅、生活质量低下等问题，提高农民生活水平，搞活农村经济，实现农业现代化，所有这些目的的实现依赖于较高的服务水平，而农村公路服务水平的实际情况也无法使用有关的农村公路绩效评价办法准确得出；同时，在未来的农村公路发展规划中，农村公路项目的科学决策和可行性研究要进一步加强，农村公路的发展必须坚持以人为本，为人民生产生活服务的原则，④ 按照服务质量改进的迫切性安排新建、改建、扩建，将服务质量理念贯穿于建养运管环节之中。

从农村公路日常养护管理工作实践来看，农村公路养护管理的核心是改善和加强路面质量，保证路产路权的完好和公路的通达能力，充分发挥其经济效益和社会效益。⑤ 农村公路服务质量管理及评价工作的目的就是寻找和发现在建设、养护、运营、管理的工作过程中的疏漏与薄弱环节，总结好的经验做法，逐渐摸索总结出适合当地实际情况的农村公路建设、养护、运营、管理的工作细则和质量标准，使得农村公路养护管理工作更加科学化、规范化，保持农村公路的良好状况和安全畅通，提高公路寿

① 谢军. 高速公路通行能力分析与服务质量评价研究 [D]. 西安：长安大学，2007.
② 曾宪萍，何晶. 我国农村公路发展问题研究 [J]. 宏观经济管理，2011 (7)：40 – 41.
③ 毛龙. "十一五"农村公路社会经济效益评价及"十二五"建设发展研究 [D]. 西安：长安大学，2011.
④ 熊伟，过秀成. 农村公路网规划研究 [J]. 华东公路，2003 (2)：25 – 28.
⑤ 赵笃康. 农村公路养护管理工作的实践与探索 [A]. 中国公路学会 2004 年学术年会论文集：418 – 420.

命，实现资源和资金的合理优化配置。①

综上，本书引入公共服务质量理论来分析农村公路的服务管理问题和我国农村公路服务质量评价问题。农村公路的服务质量评价不仅要考虑公路服务活动的本质特征，而且要将外界环境因素、利益相关者等综合考虑。服务质量分析与评价的首要主体是农村公路的使用者，也要兼顾影响范围内其他主体的利益诉求。

新形势下经济增长方式的转变、社会主义新农村建设与新型化城镇建设的不断加快，会使得农村公路日常运营管理中的问题越来越多。对于农村公路服务质量的分析，除了要进行定性的理论研究外，还要进行量化的实证分析，由于现有的这方面研究较少且不够深入，因此本书的研究就显得非常有必要。

1.2.2 研究意义

本书选择农村公路服务质量评价这一主题进行初步的理论研究和实证分析，具有较强的理论意义和现实意义。

1. 理论意义

（1）运用服务管理、公共经济学、公路经济学等学科的理论和方法对农村公路服务质量评价的理论与方法进行研究，可深化农村公路建设、养护、运营管理等的研究，丰富交通运输经济管理的内涵，具有一定的理论意义。

（2）基于已有的服务质量研究成果，通过对相关概念的回顾、梳理与辨析，本书首次明确了农村公路服务、农村公路服务质量的基本概念和内涵构成，为农村公路服务质量评价奠定了概念基础。

（3）根据服务质量评价理论、公共服务质量理论、公路交通服务理论研究成果，本书系统分析了农村公路服务活动的特征，分析归纳了农村公路服务质量的影响维度，构建了农村公路服务质量评价的框架模型，该模型为农村公路服务管理研究确立了一个基本理论分析概念框架，对公路交通服务质量相关主题的研究也具有一定的参考价值。

---

① 牛佳棠. 农村公路养护及安全管理评价体系研究 [D]. 武汉：武汉理工大学，2013.

（4）构建了农村公路服务的"用户 – 公共部门"二元服务质量评价模型，并通过问卷调查、数据收集等方式对相关模型假设进行了实证检验，研究结论对农村公路服务管理机理的认知有进一步深化，也丰富了服务管理的理论内容。

2. 现实意义

本书充分考虑新形势下我国社会主义新农村建设的深刻变化以及经济发展战略调整的需要，针对我国农村公路可持续发展过程中的具体问题展开研究，对提升我国农村公路服务管理水平、促进经济社会的健康发展具有明显的现实意义。

（1）从农村公路服务供给方来看，农村公路服务质量是供给方在农村公路建设、养护、运营、管理上的投入和付出经用户感知和评价后的综合结果，这种结果的优劣取决于是否在服务设计和服务提供的过程中充分考虑了农村公路用户的实际需求。如果不对需求进行仔细挖掘和分析，服务质量就无法得到有效提升。本书为农村公路部门了解和认识农村公路服务质量管理的具体内容、用户对农村公路服务的真实需求，建立科学规范、标准合理的农村公路服务管理制度、办法，保证和提高农村公路服务水平具有十分重要的现实意义。

（2）从农村公路服务需求方来看，对农村公路服务需求的重新认识，有助于其了解以交通运输、邮政通信、医疗卫生等为主的基本公共服务均等化的实施情况和相应标准，从而在监督配合有关部门保证公共服务的同时，最大限度地利用既有的公路交通设施，促进所在地区社会经济发展、生活水平提高；以农村公路服务质量评价办法或服务标准为代表的公共服务内容体系向社会公开，更可以促进农村公路使用者使用公路的积极性和使用意愿，减少破坏路产等不利行为，提高爱路、护路意识，显著增强农村公路使用效率。

因此，立足我国国情、借鉴已有的服务管理研究成果与实践经验，开展我国农村公路服务质量评价理论与方法的研究，制订我国农村公路服务质量评价指标体系与评价方法，大力提升农村公路服务管理水平，对促进农村公路与地方经济的协调发展，促进公路行业树立和落实科学发展观，实现公路交通行业的可持续发展，推进社会主义新农村建设、新型城镇化建设和全面建设小康社会、显著改变民生意义重大。

1.3 研究思路与方法

1.3.1 研究思路

国内外已有研究认为，顾客（用户）对组织提供的服务的感知与期望之间的对比结果是服务质量高低的直接表现。从本章开头的引例和背景描述我们可以看出，农村公路的服务质量水平不仅受已建成农村公路的规模分布和建设质量的影响，更多地受到运营管理部门提供的服务设施和服务内容影响，由于农村公路建设更多地强调社会公益性大于经济效益性，其建设水平较多地受到自然条件、建设单位财力水平、需求者数量等因素的影响，较难通过后期的努力和完善来提高工程质量或技术等级。因此，本书主要研究已建成农村公路的服务质量，研究其建设、养护、运营、管理中的服务质量问题，研究结果可对农村公路设计与规划问题起到参考作用。

基于此，本书确定了以下研究思路：以现代服务管理理论和方法为指导，借鉴国内外公路服务管理研究成果，在实地调研分析的基础上，对农村公路服务管理进行系统研究，梳理和界定农村公路服务内涵与范围，建立服务质量指标体系、确定服务质量评价方法，以改进建、养、运、管等环节服务水平，提升我国农村公路的服务品质。

（1）通过对服务质量和公共服务质量管理研究文献的回顾，分析站在公共物品角度研究农村公路服务质量可能带来的理论贡献与价值意义。在公路交通服务质量文献回顾与梳理的基础上，分析现有关于农村公路服务质量研究的成果及局限，从而明确本书的研究重点及研究策略。

（2）本书在对公路（农村公路）、服务（公路服务）、服务质量（公共物品服务质量）等概念及特征的分析基础上，结合已有的农村公路服务质量的研究成果，揭示农村公路服务质量的概念与内涵。在此基础上，根据服务质量研究的理论成果，对农村公路服务质量的构成要素进行规范分析，最终构建了农村公路服务质量研究的总体框架。该框架为定性认识农村公路服务管理水平的作用机理提供了路径，同时也为定量化研究农村公路服务管理水平提供了参考。

（3）针对农村公路的"公共产品"特性及定位，结合农村公路使用者及相关主体对农村公路提供服务的需求挖掘，以服务质量测量的 PZB 模型和顾客满意度理论为基础，结合公共物品服务质量研究的相关文献，分析影响农村公路服务质量的变量组成，通过对农村公路供给方提供服务的根本目的做进一步分析，构建了以用户为导向、农村公路供给方支持的两个维度共同作用的农村公路服务质量评价模型，并将模型中的各个变量做了进一步的研究假设。

（4）将农村公路用户感知的服务质量要素转化为具体的测量量表，通过关键事件技术设计了以用户感知满意度和用户感知重要性双重评价的调查问卷。通过较大样本的抽样调查，根据回收的有效问卷，利用 SPSS、因子分析等统计分析工具进行统计处理和分析，以验证本书所构建的农村公路服务质量评价模型中的各变量在实测情况下获得数据支持的情况；将农村公路供给方支持的服务质量要素转化为相应的测量指标，通过数据收集和统计分析的方法，利用有关统计分析工具，获得相应质量评价的量化结果。

（5）通过对某省农村公路服务质量的实证分析，进一步验证前述研究结论和模型建立的科学性和可操作性，得出本书最终的研究结论，并提出改进和完善农村公路服务质量管理的策略建议。具体的研究技术路线如图 1-1 所示。

1.3.2 研究方法

国内外有关服务管理的研究成果对本书的研究设计奠定了深厚的基础，并对本书的研究方法颇有启示。服务管理科学产生于 20 世纪 80 年代，是一门非常年轻的学科，我国学者开始研究服务管理始于 20 世纪 90 年代，目前虽然已经在理论研究和模型建立等方面取得了丰硕的成果，但是以公共服务为主题的服务质量研究仍处于起步阶段，对公共产品的服务质量内涵及评价方法体系等主题的研究还没有受到广泛的关注。此外，公路交通服务质量的研究成果绝大部分集中于高速公路的运营管理和服务质量上，对农村公路服务质量管理理论的研究才刚刚开始，特别是基于实地

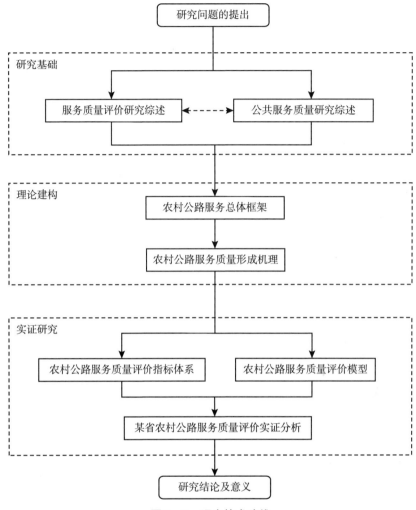

图 1-1 研究技术路线

调研数据的服务质量评价实证研究严重偏少，这些不足导致既有的农村公路服务质量研究结论说服力和可操作性显得不足。

农村公路服务质量是内涵宽泛、多维特征明显的构念，基于前述研究问题，本书采用了规范研究与实证研究相结合、定性研究与定量研究相结合的研究方法，综合运用公路经济学、服务管理学、运输经济学、运输管理学、计量经济学、统计学等学科的理论、方法体系，通过建立农村公路综合服务质量评价模型与评价指标体系，对我国农村公路的服务管理现状、农村公路服务质量提升等问题进行了深入分析，最终提出相关对策建议。上述方法的使用使本书的研究既能较好地揭示农村公路服务活动的概貌，又能科学检验农村公路服务管理的质量形成机理有关命题，从根本上保证了本书研究结论的科学性和合理性。

1. 规范研究

规范研究是经济、管理研究中常用的一种方法，[1] 注重从逻辑推理的角度，运用演绎或者归纳的方法去解释某种经济现象、管理活动"应该怎样"的问题。[2] 规范研究也是学者们在探索性研究中经常采用的一种研究方法。[3]

目前服务质量理论研究已经有比较成熟的研究范式。在广泛借鉴已有研究成果的基础上，本书结合在 S 省进行实地调研所获得的数据资料和经验，在农村公路服务质量评价理论整体框架设计中按照规范研究的方法和要求，构建用于指导农村公路服务质量评价工作的总体理论框架模型。

2. 实证研究

从既有的文献梳理中，发现服务质量已有的实证研究主要是采用某一种评价模型（如 GAP、PZB、CSI 等）对组织提供服务绩效和顾客感知进行比较研究（Fick & Ritchie，1991；Kolesar & Galbraith，2000；Hemon & Calvert，2005），这些研究对改善、提高组织的服务管理水平和服务绩效提供重要的决策支持。在公路交通方面，高速公路经营单位已经做了大量的研究工作，但是针对农村公路服务质量的实证研究还很少见。本书认为，虽然农村公路上的交通活动和高速公路的交通活动在本质上都是实现旅客或货物的空间位移，但是从交通组织方式、公路供给方提供的服务设施与服务项目来看有很大的差异，尤其是农村公路的使用者对农村公路的服务质量感知并没有对高速公路那么强烈、那么期望值高；另外，农村公路的使用者对服务质量的感受有时也无法准确直接地描述出来，因为农村公路建设的初衷就是满足生产资料集散、居民出行、助困扶贫、发展农村

---

① Bordens K S, Albott Bruce B. Research Design and Methods：A Process Approach (4th edition) [M]. CA：Mayfield Publishing Company，1996.

② 赖桂辉. 浅议经济研究中的实证分析和规范分析 [J]. 南昌大学学报（社会科学版），1995，26（1）：119 – 120.

③ 李毅斌. 物流服务供应链企业间管理控制机制研究 [D]. 西安：长安大学，2013.

经济等多种需要。

因此，本书根据服务管理理论和公共经济学的有关理论，提出了农村公路服务质量评价理论模型，然后从满足用户需求（农村公路用户感知的服务质量）、满足行业管理需要（农村公路支持服务质量）两个层面对农村公路服务质量进行实证检验。本书对农村公路用户感知的服务质量和农村公路部门支持的服务质量分别设计了调查问题，通过对部分调查对象的前测调研，分析问卷中各问题的有效性，最后确定调查问卷。在调查问卷的效度和信度分析的基础上，综合采用各种服务质量评价模型和结构方程模型对研究假设进行检验，对检验结果进行讨论，最后得出本书的研究结论。

1.4　研究内容与结构安排

1.4.1　研究内容

本书由绪论、文献综述与理论基础、农村公路服务质量及其形成机理研究、农村公路服务质量评价指标体系研究、农村公路服务质量评价模型与方法构建、某省农村公路服务质量评价实证研究、研究结论与展望七个部分组成。研究内容主要包括以下方面。

第 1 章，绪论。主要介绍研究背景、目的及意义；研究思路与方法；研究技术路线、研究的主要内容与结构安排等。

第 2 章，文献综述与理论基础。首先回顾国内外服务质量研究的基本情况，分析服务质量管理及评价的主要技术路线和方法体系，以及服务质量研究的变化趋势；接着对公共产品的相关概念及公共服务质量评价的文献进行了梳理，以农村公路服务管理的研究文献中高频出现的关键概念为线索，对农村公路服务管理、服务评价方面的文献进行回顾，确定了本书研究的农村公路服务质量评价的两大主题——"农村公路服务质量要素"与"农村公路服务质量评价方法"，从服务质量形成和服务质量感知的角度构建了"服务质量概念确定—服务质量形成机理—服务质量维度分析—服务质量测量评价"的完整的服务质量评价概念框架模型。

第 3 章，农村公路服务质量及形成机理分析。界定农村公路服务的特殊性及内涵，构建了农村公路服务的传递系统，初步解释了服务是如何交付给用户的，揭示了农村公路的供给部门在服务质量方面具有不可替代的作用；依据服务质量的相关理论基础及文献资料，对农村公路服务质量评价中服务质量的内容和形成机理进行研究，为后续建立评价指标体系和评价模型奠定基础。指出农村公路服务质量取决于农村公路用户在使用农村公路的过程中对供给者提供的服务条件、服务绩效的感知与自身期望的差异；通过关键事件技术法发现农村公路服务质量集中体现的六个维度，并构建了基于"用户－农村公路部门"的农村公路服务质量机理模型，为第4 章构建相应的评价指标体系打好了基础。

第 4 章，农村公路服务质量评价指标体系设计。主要是基于用户感知服务质量和农村公路部门支持质量的服务质量评价指标体系研究；农村公路服务质量评价指标的赋值思路及方法研究；农村公路服务质量评价指标筛选思路与方法研究；服务质量指标调查方法研究等。最终建立用户感知的服务质量评价指标和农村公路部门支持的服务质量指标共两大类、12个质量维度、54 项具体指标构成的农村公路服务质量评价指标体系。

第 5 章，农村公路综合服务质量评价模型研究。根据理论研究综述，对农村公路服务的特征、服务质量的特征及服务质量的要素进行分析提炼，在把握农村公路服务管理内容与作用机理的基础上，构建以用户感知为导向、由农村公路部门支持的农村公路服务质量评价模型，结合相关评价方法的适用性分析，确定适用于农村公路服务领域的评价思路与方法。主要包括以下几个研究内容：农村公路服务质量评价方法的整体思路研究，农村公路服务质量评价的原则与流程，农村公路服务质量评价模型与方法（用户感知的农村公路服务质量评价模型与方法、农村公路部门支持的服务质量评价模型与方法），农村公路服务质量评价办法制订思路。

第 6 章，某省农村公路综合服务质量评价实证研究。选取国内农村公路建设典型省份，以实证方式对该省农村公路服务水平进行客观评价，验证本课题研究思路与研究结论的科学性与可操作性。

结论。主要是对本书的研究结论、创新点及对农村公路服务质量评价实践过程中可能带来的启示进行归纳总结，并对研究的不足与局限性进行说明，明确将来的研究方向。

1.4.2 结构安排

本章阐述了本书的研究背景、研究目的及意义、研究思路与技术路线，对研究流程以及本书的主要内容和结构进行了概述，为后续章节的研究做了铺垫。按照上述研究内容，本书的结构安排如图1-2所示。

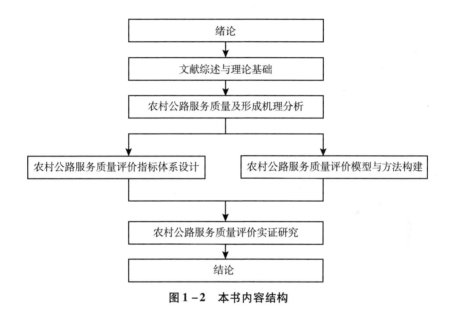

图1-2 本书内容结构

第 2 章　文献综述与理论基础

基于农村公路与以高速公路为代表的干线公路在服务能力、服务性质上的巨大差异和更接近于纯公共产品的性质，本书从公共产品视角探讨如何构建科学规范、简洁实用的农村公路服务质量评价理论模型与方法体系，促进我国农村公路整体服务水平的提升。本章将从服务质量评价理论与方法、公共服务质量评价理论与方法、农村公路服务质量管理及评价等三个方面对相关研究进行回顾与梳理。

2.1　服务质量评价理论与研究方法综述

当前，服务质量评价已经成为服务管理研究领域的热点问题。服务质量评价的最终目的是确立服务标准、持续改进组织服务质量，提高不断满足顾客（用户）日益提高和增多的服务需求。近三四十年，顾客感知服务质量一词被提出以来（Gronroos，1982），关于服务质量的形成、服务质量构成要素、服务质量评价指标体系与评价方法等方面的探索与研究大量涌现。

2.1.1　服务质量评价概念模型研究

从 1972 年首次提出服务质量概念（Levitt，1972）开始，国内外众多学者对服务质量概念及内涵从质量感知和构成的角度进行了研究。根据王海燕等、程龙生的研究，国外学者主要是在不同服务行业进行实证研究的基础上，探寻服务质量的形成机理进而分析和挖掘服务质量的构成要素，并建立起理论与概念模型。国外学者大都首先从寻找和分析影响和形成服务质量的内在因素开始，不断探求员工、顾客、环境等外在因素对服务质量影响作用，不仅关注依附于服务本身的内在质量，更关注由此而产生的利益相关者之间的关系质量；国内的相关研究起步较晚，主要是基于现有的理论模型和评价模型并结合某类行业进行实证研究，对该类行业服务质量形成及影响的关键要素没有做过多的理论分析，导致我国服务管理研究进展相对缓慢。

已有研究认为，服务是一个生产与消费同时进行的过程，所以对服务质量的认识、监测或评价只能在服务的过程中或服务结束后才可以确认，确认的方法主要有下列几种：识别对过程有影响的因素，制定服务过程相关因素的评审条件和批准准则；对设备能力、人员资格是否符合服务过程要求进行鉴定；使用特定的方法和程序；服务过程确认活动中必要的记录要求；定期或特殊情况时进行再次确认。①

帕拉苏拉曼和蔡特哈姆尔·贝瑞（Parasuraman and Zeithaml Berry，又称 PZB，1988）提出的由 5 个维度构成的 SERVQUAL 量表模型是一个比较成熟的服务质量测评理论，② 后来诸多学者的研究受其很大影响。

1993 年、1994 年，PZB 对 SERVQUAL 模型进行了两次修正，修正后的模型将顾客容忍区域、顾客满意度纳入模型之中，构建了顾客满意与顾客感知服务质量关系模型。修正后的模型为企业服务质量管理奠定了理论基础，进一步提高该模型的实际应用价值，有助于企业服务质量管理工作的开展。③

这一时期，比较有影响力的服务质量评价概念模型还有关系质量模型（Liljiander & Strandvik，1995）、顾客感知服务质量差距模型（Lovelock，1994）、服务质量模型（Bolton & Drew，1991）、感知服务质量模型（Oliver，1993）、顾客感知服务质量综合模型（Brogowicz，Delene & Lyth，1990）以及 4Q 产品/服务质量模型（Gummesson，1993）。这些模型分别

---

① Parasuraman A, Valarie A Zeithaml, Leonard Barry. SERVQUAL: A Multiple-Item Scale for Measuring Consumer Perception of Service [J]. Journal of Retailing, 1988 (64): 12 – 40.

② Levitt. Service Quality: An Exploratory Analysis [J]. Managing Service Quality, 1972, 11 (2): 121 – 131.

③ 雷明. 农村公路安保工程后评价体系与方法 [D]. 西安：长安大学，2010.

在 PZB 模型的基础上进行了创新和补充，其中，关系质量模型将顾客对服务质量的感知描述为由情节感知产生的情节质量和由关系感知产生的关系质量，并把感知与实际服务的比较标准进行了多样化处理；顾客感知服务质量差距模型将服务质量的最终差距拓展为顾客对市场信息的感知、理解与其在整个服务过程中经历的比较；服务质量模型加入了组织特性、工程特性等因素，并把服务能够给顾客带来的价值引入模型之中，认为服务价值是影响顾客满意最重要的因素；感知服务质量模型试图说明在顾客对服务质量判断的过程中会受到非质量要素对服务期望的影响，进而影响满意度；顾客感知服务质量则将整个服务标准划分为系统标准和运营标准，并将企业使命纳入服务质量模型；4Q 产品/服务质量模型认为没有必要去区分提供的是产品和还是服务，所有关于产品和服务的质量要素都应包含在内，特别将整个企业作业（服务）流程都作为关键要素之一。

国内一些学者对西方流行的以顾客感知为核心的服务质量评价概念模型做出了改进和优化，提出了基于顾客感知质量与组织支撑质量的服务质量模型机理[①]，并且构建了基于四因素模型的服务质量模型（程龙生，2011），该理论认为服务提供企业固有的服务能力和水平也是重要的质量维度，并将其定义为支撑质量，可以从组织内部考察评价。该模型是在三因素模型（Brady & Cronin，2001）基础上进行修改得到的。[②]

虽然学者们对顾客感知角度的服务质量的概念内涵已经形成了基本共识，但是对于如何衡量顾客感知、从哪些角度和维度进行衡量还存在分歧，这就造成了在服务质量评价指标上学术研究的百花齐放。

2.1.2 服务质量评价指标体系研究

评价指标的建立是评价工作的基本要素。构建了服务质量评价概念模型，接下来就要构建科学合理实用的评价指标体系。在 PZB 等服务质量概念模型的基础上，对服务质量维度即服务质量要素的识别和研究是构建服务质量指标体系的基础，从某种意义上说，服务质量维度就是服务质量指

---

① 程龙生. 服务质量评价理论与方法［M］. 北京：中国标准出版社，2011.

② Brady M K，Cronin J J Jr. Some New Thoughts on Conceptualizing Perceived Service Quality：A Hierarchical Approach［J］. Journal of Marketing，2001，65（7）：34 – 49.

标体系的一级指标。

格罗鲁斯（Gronroos，1982）认为服务质量是由顾客可以感知的过程质量和结果质量组成，结果质量是指顾客在服务结束后的所得到的心理感受和有形结果，过程质量是指服务是如何提供给顾客的；格罗鲁斯（2000）进一步将服务质量的构成要素拓展为 7 个维度，分别是：员工的职业风格和技巧、员工服务态度和行为、服务的可用性和灵活性、顾客感觉到的可靠性和信任、在服务失败时服务恢复能力、所有服务环境要素组合、组织的声誉和信用组合。[1] 当然，最经典和代表性的是 PZB 等（1985）的研究，他们根据顾客期望与实际感知比较的差距就是服务质量的理论，通过实证研究总结出了可靠性、响应性、胜任力等 10 项一般服务质量要素。后来进一步归纳为可感知性、可靠性、响应性、保证性、移情性 5 个要素。这 5 个要素（维度）很快就成为普遍采用的服务质量评价维度标准。

在 PZB 的服务质量 5 维度提出之前，萨斯（Sasser，1978）提出过服务质量的 7 个维度，它们是：人身与财产安全、服务的标准化和规范化、良好的服务态度、完整无遗漏的服务项目、良好齐备的服务设施、顾客能方便地接受服务和受过良好培训的员工。[2] 同时期也有学者提出了由互动性、有形性和公司质量三个维度构成的服务质量说（Letinen J，Letinen U，1982）；质量管理大师朱兰（Juran，1986）提出了以技术质量、心理质量、时间质量、关系质量和道德质量为内容的服务质量五要素论；海迪奥和帕特奇克（Hedyall，Paltschik，1989）进一步将服务质量维度简化为"能够和愿意提供服务、容易获得身体和心理上的满足"；后来罗森（Rosen，1990）、米特拉（Mitra，1993）、奥利弗鲁斯特（Oliver & Rust，1994）、达布卡尔（Dabholkar，1996）、布拉迪（Brady，2001）、坎宁安（Cunningha，2002）等分别从不同的行业和视角对服务质量维度做出了更多维度的解释，极大地丰富了服务质量要素理论基础。

国内以伍小琴、汪纯孝等为代表的学者也对服务质量构成要素进行了

---

① 克里斯汀·格罗鲁斯. 服务管理与营销——服务竞争中的顾客管理（第 3 版）[M]. 韦福祥，译. 北京：电子工业出版社，2008.

② Sasser W E，Olsen R P. Management of Service Operation：Text and Case [M]. Boston：Allyn & Bacon，1978.

理论和实证研究，形成了一些关于一般服务质量要素和行业服务质量要素的研究成果。在程龙生关于服务质量评价理论的研究基础上，本书增补了我国学者近年来的研究成果，表 2－1 为近年来国内代表性的服务质量维度学说。

表 2－1　　　　　　　国内代表性的服务质量维度学说

年份	学者	服务质量维度观点
1997	伍小琴	功能性、经济型、安全性、舒适性、文明性
1998	徐金灿	保证性、有形性、售后服务、方便性、可靠性
1999	汪纯孝等	技术质量、感情质量、关系质量、环境质量和沟通质量
1999	戚安邦	信息沟通和沟通技术是服务质量的重要构成要素
2000	秦应兵	物流配送：产品可得性、经济型、信息性、安全性
2001	叶凯莉、乔友庆	银行业：消费者导向、效率性、确实性和可靠性
2001	陈学军	饮料业：服务技术、服务可靠性、服务承诺、责任性和服务环境
2003	郭晶	图书馆服务：服务系统、服务过程、回答质量、用户满意、服务统计、成本、服务开发度
2004	宋彦军	功能性、经济性、安全性、实践性、舒适性、文明性
2004	汪定伟	医疗服务：整体环境、医疗服务态度、医疗安全性、医疗行政、服务措施
2005	白长虹、陈晔	公用服务：供能质量和过程质量
2006	屠东燕	感知质量、提供质量、形象质量、过程质量
2008	马东山	电子政务：有形性、可靠性、响应性、保证性、移动性
2009	苏秦	B2C 电子商务：人机交互质量、人际交互质量
2009	林家宝	结果质量、环境质量、交互质量
2014	张锐昕、董丽	公共服务：程序规范、结果质量、投入质量、服务功能、经济有效、质量标准和质量要求、公共精神

资料来源：根据程龙生《服务质量评价理论与方法》（中国标准出版社 2011 年出版）有关内容修订及补充。

确定和设计用于服务质量评价的指标体系首先从服务质量维度的分析入手，按照"服务质量概念确定—服务质量形成机理—服务质量维度分析—服务质量测量评价"的服务质量评价体系进行，而这个研究过程中对服务质量决定要素的形成机理分析可以看作是服务质量评价指标设计是否科学、完整、易测量的关键。因此，本书将基于顾客感知的服务质量理论，对影响农村公路服务质量的前因变量进行分析，并将 PZB 的质量 5 维度、格罗鲁斯为代表的服务质量形成过程分析方法、公路服务固有的服务特性有机结合起来，对影响公路服务质量的各要素间的作用关系进行理论分析，并通过农村公路服务质量要素调查问卷进行实证研究。

2.1.3 服务质量评价模型与方法研究

在上一节，我们回顾了顾客感知条件下服务质量的概念模型和服务质量维度度量的相关文献，在基本框架和分析思路上初步取得共识。但是，如何去衡量感知服务质量、用什么样的方法去获取最终感知服务质量的结果，学界尚存在较大的分歧，不同学者给出了自己的见解并提出了相应的评价模型与方法。

在现有文献中，对服务质量进行评价的模型与方法大都建立在顾客感知服务质量和服务质量差距分析的基础上。[①] 评价模型的发展主要分成两种流派：一种是沿着 PZB 提出的 SERVQUAL 模型继续进行修正和改进；一种是对 SERVQUAL 模型持批判的态度，寻求在模型构成机理及评价方法上获得突破。目前比较常见的就是 SERVQUAL 模型、SERVPERF 模型、概率模型、加权绩效评价方法、归因模式、"非差异"评价法、关键事件技术等。

1. SERVQUAL 模型

PZB 的 SERVQUAL 服务质量评价模型中顾客对组织提供的服务质量的预期和其实际接受的服务状况进行比较、评价的感知结果，形成了服务质量。PZB 设计了由 5 个服务质量维度 22 个问项组成的调查表，来获得服务质量的测量数值，后来该模型也被称为 SERVQUAL 评价方法。有形性涉及问卷中的 1~4 问项，可靠性为调查问卷中的 5~9 问项，响应性为调查问卷中的 10~13 项，保证性在调查表中为 14~17 项，移情性为第

---

① 徐金灿. 服务质量的研究综述 [J]. 心理科学进展, 2002, 10 (2): 233 - 239.

18~22 项。该问卷为 7 分制，总体服务质量即为各个指标上服务质量差距的加权平均值。该评价模型提出后被管理者和学者认为是最重要的方法并广泛接受，此评价模型也对其他一些评价模型和方法起到了借鉴作用。

PZB 对该模型进行了多次修正，将评价级别打分由原来的 7 分调整至 9 分，同时强调在使用该评价模型时一定要对表中的问项做适当的调整，以保证质量评价的科学性和准确性；必要时可以对 5 个质量维度做出调整，以满足不同的需要。

2. SERVPERF（service performance）评价模型

克罗宁和泰勒（Cronin & Taylor，1992）对 SERVQUAL 模型提出了质疑，认为该模型只是一个理论模型，严重缺乏实证研究检验。他们在 SERVQUAL 模型的基础上提出了"绩效感知服务质量评价模型"即 SERVPERF 评价模型。[①] 该模型只使用服务绩效一个单独变量代替了原来的服务期望与服务感知差距两个变量来评价顾客感知服务质量；该模型主要考虑了 SERVQUAL 模型可能会产生重复计算期望的现象而带来评价值的波动；[②] 在度量全部的指标过程中，不再使用加权平均的方法，避免了主观意识影响要素权重的现象发生，而且易用性明显提升。

SERVPERF 和 SERVQUAL 相比，在指标设计和计算方法上没有明显的创新，也在餐饮企业、城市公共交通等行业有过一些应用，有很多学者坚持认为 SERVQUAL 模型比 SERVPERF 评价模型要优越，例如夸斯特（Quester）认为 SERVQUAL 方法要优于 SERVPERF 方法，而泰斯（Teas）、苏云华等则通过实证证明 SERVPERF 方法在信度效度上要优于 SERVQUAL 方法。[③]

实证研究认为：两种顾客感知服务质量评价方法的评价结果一致，且均具有准确的维度划分、较高的信度和效度以及变异解释能力，但是 SERVPERF 较 SERVQUAL 表现更好。[④]

---

① Cronin J J, Taylor S A. Measuring Service Quality：A Reexamination and Extension [J]. Journal of Marketing, 1992 (56)：55 - 68.

② 崔立新. 服务质量评价模型 [M]. 北京：经济日报出版社, 2003.

③ 耿先锋. 服务质量的构成及其测量方法评述 [J]. 工业技术经济, 2007 (3)：111 - 113.

④ 方宇通. 顾客感知服务质量评价方法的实证比较——对 SERVPER 和 SERVQUAL 的再探讨 [J]. 宁波工程学院学报, 2012, 24 (4)：53 - 57.

3. 概率模型

艾卓和瓦纳克尔（Erto and Vanacore，2002）以 Kano 二维模型为基础提出了酒店服务质量评价与控制的概率方法并进行了实证研究。研究结果表明，从顾客感知重要性角度出发，酒店服务质量的影响因素包括三个。基本质量因素：具备这些因素时顾客不会关注，但如果缺少往往会导致顾客的不满意；期望质量因素：这些因素提供得越多、水平越好，顾客就会越满意；魅力质量因素：是超过顾客期望的因素，属于对服务质量的锦上添花，如果不具备也不会影响服务质量。

4. 加权绩效评价方法

加权绩效评价法是玛吉斯（Mazis，1975）提出的，该方法着重指出顾客感知差异对顾客感知服务质量评价的影响，同时顾客期望在过去的评价模型中往往被忽略了。不同顾客的感知差异可以通过对不同的影响要素赋以权重的方式进行表示。①

博尔顿和德鲁（Bolton & Drew，1991）的研究认为：顾客感知和期望之间的对比变化将会影响顾客对服务的感知水平，对顾客感知服务质量进行评价时，最好不要使用加权的做法，更不要受顾客期望值的影响，而要直接用服务绩效度量服务质量的高低。

5. 归因模式

归因是一种心理现象，在心理学领域是指个体根据有关信息、线索对行为原因进行推测与判断的过程。归因是人类的一种普遍需要，每个人都有一套从其本身经验归纳出来的行为原因的方法与模式。在服务管理领域，归因是指当顾客感觉到实际感受的服务和服务期望不一致时，主动寻找不一致的原因并调整自感知标准与感知行为一种心理状态。②

韦纳（Weiner，1984）、比特纳（Bitner，1990）先后提出并验证了这种从心理角度对顾客感知服务质量进行评价的方法。该评价理论对 PZB 的 SERVQUAL 模型进行了大量的实证检验，总结出该方法与其他评价方法的区别主要在于：首先，在衡量顾客期望与服务感知的过程中加入心理变

---

① Mazis M B. Antipollution Measures and Psychological Reactance Theory：A Field Experiment [J]. Journal of Personality and Social Psychology，1975（31）：654 – 666.

② Weiner B. An Attributional Theory of Motivation and Emotion [M]. New York：Springer-Verlag，1986.

量，顾客在完成差距比较之后就会形成满意或不满意的原因；其次，服务提供者可以通过改善其服务管理策略对顾客心理和顾客期望施加影响，从而得到较满意的心理。归因方法评价结果形成顾客满意或不满意的心理，而满意不满意的心理又会影响顾客对服务质量的总体感知和顾客忠诚，这就是顾客整个归因的过程与结果。

6. "非差异"评价方法

布朗、丘吉尔和彼得（Brown，Churchill & Peter，1993）在对SERVQUAL模型进行质疑的基础上，认为最好的评价方法就是直接评价顾客绩效感知和服务期望之间的差异。所以，他们把这种评价方法叫作"非差异（Non-Difference）"评价方法。相比SERVQUAL模型要从顾客期望、绩效感知和感知服务质量三个方面评价22个问项、共66组数据的做法，"非差异"评价法只需衡量顾客期望与绩效感知之间的差异，共22组数据就可以完成评价，因此，在使用方面要比SERVQUAL模型简便得多。通过大量的实证证明，该评价方法在信度、效度上均优于SERVQUAL模型。

7. 关键事件技术（CIT)

关键事件技术是一种定性访问顾客需求的调查技术，请顾客将他们在服务过程中经历的满意或不满意的感受表达并记录下来，此项调查主要涉及顾客对服务的评价、服务过程中的失误、服务补救、顾客在服务中的经历等。由于其对提升服务质量很有帮助，逐渐发展成为通过将组织在服务过程中顾客感到满意或不满意的事件或行为记录下来，以观测组织服务质量水平的一种定性评价技术。[①]

关键事件技术的优点主要有：定性地收集顾客对服务过程的感受与评价而不是用便于计算但"冷冰冰"的分值方法，更容易寻找出质量优异或质量低下的真实原因；使得服务提供者可以清楚了解有关信息，进而采取相应行动；当问项很难界定或者其他方法无法准确使用时，研究就显得特别珍贵；在跨文化背景下，受访顾客有可能因为是开放性的试题而乐于回答，从而保证了评价结果的有效性。

8. 顾客满意度评价方法

服务质量的好坏直接影响着顾客对服务的态度，顾客是否对服务满意

① 李琪. 现代服务学导论［M］. 北京：机械工业出版社，2008.

是基于某一次接受服务的结果。如果顾客期望和顾客感知的服务质量较为一致，顾客就容易感到满意。人们通常用顾客满意度（CSD）来量化反映顾客在接受服务后对服务期望和服务感知进行比较后的心理满足程度。

顾客满意度评价方法主要有瑞典的顾客满意度指数（SCSB）、美国的顾客满意度指数（ASCI）和中国的顾客满意度指数（CCSI）等，其中，ASCI 是影响范围较广、使用最多的评价模型。ASCI 模型中顾客满意度指数由顾客感知质量、顾客对服务的期望、顾客感知服务价值、顾客对服务的满意度、顾客对服务或组织的抱怨以及顾客忠诚六类变量指标。其中，前三者属于前因变量，直接影响顾客满意度大小，后三者都是结果变量。[①]

9. 其他常见评价模型

除以上评价模型与方法外之外，国内外用于服务质量评价的方法还有指标树法、AHP 法、模糊评价法、神经网络、灰色关联度、D - S 证据理论、物元法等方法以及基于 PZB 模型的各类改进评价模型等，见表 2 - 2，在此不一一列举。

表 2 - 2　　　　　　　　　　其他常见的评价模型

序号	模型名称	提出者	主要内容	特点
1	关系质量模型	李亚德尔和斯特拉迪维克（1995）	服务质量分为情节质量和关系质量两部分	新变量：顾客感知价值；顾客质量有容忍区域
2	洛夫洛克服务质量模型	洛夫洛克（1994）	修正的 PZB 模型，使用 7 个服务质量差距	服务质量差距的重新分解
3	服务价值模型	波尔顿和德鲁（1991）	基于 PZB 的模型中增加了组织特性和工程特性等因素	服务质量模型中加入了服务价值概念
4	感知服务质量模型	奥利弗（1993）	对顾客满意和感知质量要用不同的评价标准	非企业顾客也可以作出质量评价
5	4Q 产品/服务质量模型	谷姆森（1993）	模型包括预期服务和服务经历变量。质量由设计质量、生产和传输质量、关系质量和技术质量组成	考虑产品和服务的所有要素

---

① Valarie A Zeithaml, Leonard L, Berry A Parasuraman. The Nature and Determinants of Customer Expectations of Service [J]. Journal of Academy of Marketing Science, 1993, 21 (1): 1 - 12.

回顾已有研究成果，不难发现进行服务质量测量与评价的难度比测量产品质量要大得多，无论是主流还是非主流的评价模型与方法都有待进一步改进和优化。正如 PZB 等所说，普遍适用于各类服务的服务质量评价体系很难被设计出来。现有评价模型使用的评价原理和评价方法主观性较强，将会影响到评价结果的客观性与公正性。在不同类型服务中，影响服务质量的主要因素不尽一致，甚至难以或无法将全部维度置入评价模型之中。因此，笔者认为：因 PZB 的 SERVQUAL 模型已被广泛接受，且具有很好的服务质量解释能力，本书在评价模型的选择与建立问题上，将依托该模型，同时根据农村公路的服务对象主要为农村和农民这类特殊用户之情况审慎使用第三方的分析工具，以期将农村公路用户对公路服务的质量感知和期望之间关系准确量化表达。

2.2 公共服务质量相关理论与文献综述

相比于服务业的服务管理和服务质量研究，公共服务质量研究还是一个比较新的领域。公共服务质量内涵、要素构成及影响因素，公共服务质量评价理论、体系与方法等是目前比较集中研究的领域。

2.2.1 公共服务质量内涵研究

已有文献中最早出现"公共产品"一说的是英国学者、思想家霍布斯所著的《利维坦》一书，作者认为国家和政府要为个人提供公共安全与防卫之类的公共产品；① 著名经济学家亚当·斯密（1776）在《国富论》中将政府的职责描述为保护社会，使其不受外来侵犯，建设并维持必要的公共设施等；后来萨缪尔森在公共产品供给理论中对公共产品进行了分类，首次提出纯公共产品和准公共产品学说，这种学说成为之后人们对政府等提供公共产品或服务部门相关领域展开研究的理论基础。②

---

① ［英］托马斯·霍布斯. 利维坦［M］. 北京：商务印书馆，1985.

② Elke Loffler. Defining Quality in Public Administration，Paper for Thesession on Quality in Public Administration：Basic Concepts and Comparative Perspective［C］. Riga，Latvia：NIS PAcee Conference，2001，May 10 – 13.

在西方，对公共产品服务质量的关注来源于公共部门提升服务水平活动的兴起。学者开始关注公共产品服务起源于西方国家公共部门质量管理运动的兴起，爱尔克·劳夫勒（Elke Loffler，2001）基于公共管理质量概念界定和比较视野对公共管理领域的质量问题进行了研究，认为质量一词一直在公共行政领域发挥着作用；阿里·哈拉契米（2003）通过对政府业绩的大量实证分析发现，在新的行政范式下，质量是一种独立概念，一种行政理念、一种价值追求；在关于公共部门或政府的质量内涵变化及演进问题时，贝尔特拉米（Beltrami，1992）对西方公共管理质量的发展演变做出了三阶段的归纳，他认为公共部门的质量先后经历了合规的质量、有效的质量、满意的质量三个阶段。可以看出，公共部门的服务质量现在已经发展到以顾客为导向，把顾客满意度作为公共服务质量的实现程度，这将明显区别于提供私人物品的商业部门，加之公共产品或服务的供给部门面对的是作为"公共产品或服务的所有者代理人"的社会公众而不是一般意义上的商品顾客，[①] 因此，一般的商品服务质量和公共服务质量有着本质区别。这时顾客满意是衡量公共服务质量水平的关键，所以学者们不约而同从顾客满意角度出发试图对公共服务质量进行界定，比较典型的观点如下。

英国的内阁办公室把公共服务质量定义为"让所有成员以最低的成本来满足顾客需要"；[②] 张成福和党秀云（2001）从期望与需求的角度将公共服务质量定义为"政府提供的服务在任何时候均能满足民众的期望和需求"；林尚立（1998）则进一步把这种满足期望与需求的程度定义为政府的公共服务质量；徐小佶（2001）站在公众需求的角度分析政府质量管理问题，认为政府提供的公共服务与公众的参与密切相关，其内涵包括：（1）政府机构与公众服务接触过程中的"真实瞬间"；（2）要加强政府内部沟通管理和相关支持系统建设；（3）顾客（公众）感知是服务质量的根本。蔡立辉（2003）则认为公共服务质量就是政府部门的服务方法与手段、服务态度、服务能力与绩效以及公众满意度四者的总和。金青梅（2001）基于顾客感知的经典理论借鉴了 PZB 的 SERVQUAL 模型的服务质量形成逻辑，给出了政府公共服务质量的定义：公众对政府提供服务的预期期望

---

① 邓名奋. 论公民与政府委托—代理关系的构建 ［J］. 国家行政学院学报，2007（5）.
② 范柏乃. 政府绩效评估与管理 ［M］. 上海：复旦大学出版社，2005.

和实际感知之间的感知差距。吕维霞（2010）则进一步把公共服务质量分为客观质量和主观质量，前者主要通过公民的满意度等进行评价，后者可以采用各种技术手段衡量公共服务的产出质量和结果质量，并将服务的卓越表现及公众的满意程度定义为公共服务质量。

陈振明和李德国（2011）指出公共服务质量的维度包括公民接受公共服务的实际情况、可获得性、及时性、经济性、准确性和响应性等。丁辉侠（2012）把公共服务满足公众公共服务需求的程度界定为公共服务质量，也是一种公众对公共服务的满意度；充足的供应数量、良好的服务态度、合理的服务结构以及相当水平的服务标准等有助于获得较高的满意度。陈文博（2012）结合了前人的研究成果将政府等公共部门所提供公共服务能够满足公众需求及提升公众满意程度的总和界定为公共服务质量。张瑞昕等（2014）认为公共服务质量是一个系统概念，公共服务质量至少应包括遵守预先制定的规范和程序等七个方面的含义。刘敏等（2020）从公共服务质量的感知、评价和公众认可度等方面进行分析，认为公共服务质量是公众对关注公共服务需求、制定服务标准和改进服务质量等方面的感知和评估，以及对公共服务供给的认可程度。

上述关于公共产品服务质量内涵的研究从服务绩效、服务规范、顾客满意等多角度去分析表述公共服务管理的过程与实质，有助于定性地认识公共服务质量，去推动服务质量的改进与提升；但是，我国各级政府之间、政府和公众之间交互关系的定位相较服务型政府的要求还有一定距离，这在一定程度上限制了我们从质量管理、公众满意、社会效益、公民取向等维度出发对提高和改进公共服务质量的机理与方法做出更加深入的认识。

2.2.2 公共服务质量构成及影响因素

学者们在对公共服务质量进行描述时的研究角度和理论技术不同，导致了对公共服务质量的要素构成及影响因素也有不同的看法。同时，为了改进公共服务质量，就必须要对公共服务的质量进行评价，那么了解和掌握公共服务质量的影响因素就至关重要。

金青梅（2007）认为，由政府提供的公共服务质量要素应包括公共产品和公共服务的技术质量、职能质量、形象质量和真实瞬间。其中，技术质量是最容易进行衡量的，应当是公民评价公共服务质量的重要依据；职能质量和形象质量较难以评价且波动性较大，公众接触的真实瞬间则更能直接影响前三个维度的得分。

贺珊（2007）从公民价值角度分析了地方政府公共服务质量，并认为公共服务质量主要通过公民的功能价值、情感价值、社会价值和感知代价方面四个方面体现出来。

张钢、贺珊等（2008）依据新公共服务理论和顾客价值理论、从公民价值内涵及其实现过程对政府公共服务质量进行了研究，认为公共服务的质量维度可以由功能价值、情感价值、社会价值和感知代价构成；并构建了公民价值导向的地方政府公共服务质量评价指标体系，运用 AHP 法对某地的政府公共服务质量进行了实证研究，最终得出功能价值、情感价值、社会价值以及感知代价对公共服务质量影响作用不同的研究结论。

尹爽（2009）在借鉴前人研究的成果上，提出了地方政府的公共服务质量主要由服务效率、服务态度、服务环境、服务管理、行政人员素质、电子化服务水平六个维度构成，并通过实证发现信息渠道、反馈沟通、责任意识、办事效率等是影响服务质量的主要因素。

陈文博（2012）对 1991～2011 的研究进行回顾，发现以公共投入、公共服务的管理方法和提供机制以及公共信息的开放度为代表的诸多因素会对公共服务质量改进产生影响。

魏傲霞（2012）在进行政府公共服务质量评价的时候，引入了公众满意度的概念，利用结构方程等方法，得出公共服务满意度模型的 6 个变量（感知价值、预期、政府形象、公众满意、公众支持、公众抱怨），并采用 AHP 层次分析法对政府的公共服务质量进行了评价。

也有学者认为公共服务质量具有三个质量维度：过程质量、顾客需求质量和社会效果质量，这三个维度分别由公共服务的内在逻辑、满足个体需要、服务社会大众基本使命决定的。[①] 谢星全等（2017）基于全国大规模调查数据，得出公共服务质量包括宏观质量要素和微观质量要素两类质量维度，前者主要由充足性、均衡性、便利性和普惠性四部分组成，后者

[①]　张瑞昕. 公共服务质量：特质属性和评估策略［J］. 北京行政学院学报，2014（6）：8－14.

体现为个体公共服务满意度。

根据以上研究，公共服务质量的要素维度主要是基于顾客感知和公民价值理论获得的，要素主要有供给数量、供给结构、服务态度和服务产品的质量。已有研究主要集中于地方政府、工商税务机构等政府部门从供给方角度来衡量公共服务质量，对一般意义上的公共服务质量维度及其影响因素，特别是关系民生的公共部门的服务质量研究较少。因此，需要在进一步深化公共服务理论和服务管理理论的基础上，针对提供不同公共服务的公共部门与公众之间的关系差异、各种质量要素对服务质量的影响进行研究。本书的后续章节将就农村公路这一特殊公共产品或其提供的公共服务的服务质量进行进一步的分析。

2.2.3 公共服务质量评价模型与方法研究

公共服务质量评价就是指提供公共服务的部门或组织的公共服务质量接受评价主体采用科学的评价方法对其进行测量，衡量其服务质量是否能够满足公众的需求及是否与该组织的公共服务能力相当。[①] 在现有文献中，我们发现进行必要的公共服务质量评价有利于促进公共服务质量的提高与受众满意度的提升。

一般来说，公共服务的提供者很难清楚和及时地知道公众如何对服务质量做出判断，所以公共服务质量的评价比一般的商品要困难得多。[②] 另外，由于公共服务的目标不是营利，而是具有非常复杂的目的，同时其面对的顾客是比企业面对的从数量、态度、性格、消费能力、知识水平来看都有显著差异的广泛的服务对象，因此，在选择或建立评价模型与评价方法时，不能简单直接套用已有的用于企业的评价模型，而一定要针对特定的服务对象，有所取舍、有所创新地设计相应的评价模式，最终达到评价目的。

从服务于企业的服务质量评价模型提出以来，已经有许多国内外学者在公共服务质量评价模型与方法上做出了有益的探索。公共服务虽然有其区别于一般服务的特殊性，但是其仍然而且必然具备一般服务的共性特

① 魏傲霞. 地方政府公共服务满意度模型研究 ［D］. 武汉：华中师范大学，2012.
② 朱国玮，刘晓川. 公共部门服务质量评价研究 ［J］. 中国行政管理，2010（4）：24 - 26.

征，因此，可以使用经典的 SERVQUAL 模型对公共服务质量进行评价，PZB 进行了这方面的评价实证研究。实证结果显示，公共服务的质量要素共有四类：有形的物质设施、服务设备以及服务人员的外表。具体表现为其所提供的设施与提供的服务相符合的水平；公共服务部门及人员提供服务和解问题的能力和可靠性；公共服务部门的服务人员具备可以信赖的专业知识和良好的工作态度；公共服务部门提供差异化的服务、及时了解顾客的需求、使得顾客觉得他们自己受到了尊重和重视的能力。

目前，包括 Delphi 法、DEA 法、层次分析法、网络层次分析法、粗糙集、模糊评价法、KANO 模型、SERVQUAL 模型和 SERVPERF 模型、满意度评价模型等在内的多种用于商业领域评价技术及方法都被广泛运用于公共服务质量评价。根据朱琳（2010）的研究，SERVQUAL 模型是现有评价模型中能够较好胜任公共服务质量评价工作的，但是一定要针对不同的服务部门和服务对象进行调整或修正。不过，在评价内容选择和评价主体确定方面，出现了不同的声音。有学者认为应该从提供者、接受者甚至全部的利益相关者出发，综合评价外部、内部、顾客三方对服务质量的感知；[①] 韦信宽、侯卫国（2008）认为应以公众满意目标和出发点，以服务对象——顾客或公众为主体，重点评价顾客感知的公共服务质量。笔者认为，由于服务评价方和提供公共服务部门的不同，不能一概而论地确定是多方评价还是单方评价，必须要根据评价公共服务的着眼点去选择相应的评价模型与方法；同时，基于不同评价主体给出的评价结果往往会由于评价主体主观意识、自身在整个服务过程中的重要性和对服务流程、内容等理解不同，从而造成对同样的指标体系差异较大，无法准确得出结论。理想的模式是在评价某项公共服务质量时，同时以公众和第三方专业质量评价机构为主体分别对公共服务质量进行量化，并按照专业程度和所评价服务中公众参与的重要性赋权后进行加权计算，从而完成对该项公共服务的评价。当然，如何挑选合格的第三方服务质量评价机构又会成为一个新的研究课题。

---

① 张瑞昕. 公共服务质量：特质属性和评估策略 [J]. 北京行政学院学报，2014（6）：8 – 14.

2.3 农村公路服务质量相关理论与文献综述

农村公路服务研究是农村公路学术研究的重要组成部分，由于中西方国情与经济发展水平差异，以中国为代表的发展中国家对于农村公路的研究无论是从数量还是内容上都呈现多于西方发达国家的形势。本部分将从农村公路服务的相关理论尤其是服务质量管理及评价等方面对农村公路服务相关研究进行回顾。

2.3.1 农村公路服务理论研究综述

相比于高速公路、国省干线在国家和地区间贡献与地位，农村公路的运营管理和服务水平研究长期以来未有得到足够的重视，笔者以"rural highway""rural roads"为关键词在 Elsevier 出版社全文电子期刊数据库、Springer 电子期刊、Wiley InterScience 在线数据库、INFORMS Online Journals、美国运筹学和管理学研究协会网络版期刊、ProQuest 学位论文全文库、Emerald 工程学全文期刊库等几大综合性外文数据库进行了检索，共检索到 1 147 篇文献，绝大部分是研究农村公路交通安全和规划设计的，研究农村公路发展、农村公路与社会关系、规划评价的只查到几十篇；以"农村公路 + 服务"为关键词、篇名或摘要在 CNKI 上共搜到 671 篇文章，以"rural highway（road）& service"为关键词在上述外文数据库共搜到文献 12 篇。因此，本部分的研究综述主要以国内为主。

现有文献中国内对农村公路服务关注和研究最早的应该是唐树中和赵传训（1984）对县乡公路为农村商品流通服务能力和作用的研究，该研究认为搞好县乡公路建设服务是繁荣农村商品经济的关键。1984～2008 年之间的文献主要来自《中国交通报》以及各地报纸上的新闻报道，直到 2008 年学者再次对农村公路服务展开了探索与研究；何飞英（2008）对新时期社会发展对公路行业提出的新要求进行分析，提出社会发展需要公路行业从传统管理向现代化管理转变，并就如何使公路行业从传统型向现代服务型转型提出了相应对策。刘丽静（2008）对农村公路客运安全与服务水平的研究中发现农村公路服务水平低是导致前者问题的根本原因，指出要完善农村公路的安全设施，进而提高农村客运水平。韩晓英（2008）首次系统地对农村公路服务理论进行了研究，探讨了农村公路服务的概念和服务特征，进而初步提出农村公路服务质量要素及特征。陈红、田雨佳（2009）的研究认为农村公路服务质量用户的服务需求之间差距明显，建议从提升服务意识、确保工程质量、加强安保工作、改善养护管理工作机制、开展服务质量评价工作等方面大力提高农村公路服务质量。尹震（2009）认为要以区域协调为总原则，加快中西部交通网络的形成和农村公路建设，解决中西部农村交通服务问题。吴永芳（2009）按照科学发展观的要求，将"多功能统筹协调，多作用充分发挥"的理念引入农村公路建设发展之中，认为农村公路必须要具有安全通畅、便民服务、文化传承、资源展示、旅游助推和城乡统筹等服务功能。顾志峰（2012）的文章认为要坚持服务主导、全面提成公路养护和应急服务管理水平，要梳理理念、完善规章制度、进行管理体制改革等，不断实现我国公路交通服务水平的提高。张小文（2013）从提升公路行业价值体系、深化公路交通行业管理体制改革的角度出发，从投入、质量安全、养护标准、养护管理体系、科技创新五个方面提出了提升农村公路服务水平的对策建议。刘义（2014）认为应从资金保障、考核监督、全面养护、保护路产路权等方面全面提升农村公路的服务水平。徐昕昕等（2022）认为应从经济效益、生态效益、外部效益三方面强化农村公路服务设施的外部效益，从而全面提升农村公路的服务水平。

总体来说，这些关于农村公路服务的研究较多集中于定性的现状分析、根据工作经验提出相应的对策建议层面，缺少定量的服务水平分析，但是其中提出的一些分析角度和策略建议对本书的研究具有较大的启发。

2.3.2 农村公路服务绩效评价研究

农村公路服务绩效评价方面，国内外的观点比较一致，都是以农村公路项目建设完成之后的观测结论评价其对经济社会的影响和贡献，只是由于农村公路在不同国家的地位不同和影响作用不同，促使了在评价过程中设计选用不同的评价方法和指标体系。

阿塔纳塞（Athanasenas A，1997）采用概率交通仿真模型对美国西部某县农村公路现有的和未来道路网络设计和投资策略进行了评价研究，并提出了基于成本效益的农村公路管理策略建议。范德维尔（Dominique van Dewallel，2010）基于效率和公平、不完全性信息、有限资源等公共经济学框架构建了一个农村公路选择投资可行性评价方法，并且以越南为例进行了实证分析。学者们使用特性得分双重微分法对 1996～1999 年格鲁吉亚农村公路改建与养护项目的相关效益进行了分析评价，对比分析了项目影响区与非项目影响区农户及村镇之间的差异，得出农村公路改扩建后客、货运输成本下降明显，显著提高了社会服务可获性的结论（Lokshi，Yemtsov，2005）。

1988 年交通部颁发了《水运、公路建设项目经济评价方法》，正式启动了我国的公路建设项目绩效评价工作，后来对该评价方法不断进行修订和完善。目前用于指导和规范公路建设项目经济评价工作的主要是 2010 年发布的《公路建设项目经济评价方法与参数》。20 世纪 90 年代以后，学者对农村公路绩效评价的研究开始增多，吴国宝（2002）、樊胜根和 Connie Chan-kang（2005）、李文（2006）等分别采用 Probit 回归模型、公路对区域经济发展和减少贫困的回报率指标、双差异分析法等对农村公路项目在减少贫困、项目影响区村民影响等方面的作用进行了验证。笔者也借鉴经济贡献度的原理与计算方法，分别探讨了农村公路的不同组成部分对区域经济发展的影响及贡献，得出了不同等级的农村公路对区域经济贡献不同、同一等级农村公路在不同地区的贡献度也不同的结论，指出要科学分析本地区农村公路的经济贡献、合理安排规划序列、加大养护管理等策略建议。①

随着农村公路在我国交通运输发展中的地位提高，关于农村公路绩效评价的研究便受到了广泛关注。罗京、王元庆等（2007）建立了用于测量农村公路对社会经济的投入效益、直接效益、开发效益和潜在效益的评价指标体系，并以浙江省"乡村康庄工程"项目为例，对建立的体系进行了检验，取得了较好的使用效果。梁国华等（2007）通过对常用的建立在数

---

① 夏明学，李丽，李武选. 中部地区农村公路对区域经济贡献度的实证分析——基于 S 省的面板数据 [J]. 经济体制改革，2015（3）：76-81.

理方法基础上的农村公路绩效评价指标体系实际应用中的缺陷和不足进行
分析，提出了按照目标分解逻辑思路的指标构建方法。赵莉等（2008）充
分考虑到农村公路的基础数据相对缺乏的实际情况，从定性的视角出发，
基于统计思想设计了诸如村镇通达方向、经济吸引半径等可测量的评价指
标，较为全面地反映农村公路网建设的通达和通畅情况。杨露（2008）从
系统论的整体思维观出发，建立了农村公路建设对区域社会进步影响的评
价指标体系，并以黑龙江省某县的各项指标数据为实证，量化分析了农村
公路建设对各评价指标受的影响程度。在农村公路建设对区域交通影响评
价研究方面，王元庆等（2008）结合公路网的结构、功能和农民切身利
益，从通畅、快速、安全、高效、舒适、便捷 6 个方面建立指标，分析了
农村公路建设对区域交通的影响。

　　袁春毅等（2009）从农村公路建设的前期后评价、过程后评价、效益
后评价以及公路管理评价四个方面，建立了农村公路建设后评价体系，为
农村公路的立项决策和建设提供依据。曾博、李丽（2009）根据农村公路
对社会经济发展的影响和作用的不同，认为农村公路的社会经济评价应从
交通影响、经济发展、社会发展、社会发展环境和社会稳定五个维度入
手，并构建了相应的了评价指标与方法体系。张保成等（2010）采用统计
分析方法，论述了要从增收脱贫、发展教育、改善民生、旅游发展、农村
建设等五个方面对农村公路建设进行项目后评价。岳东阳（2010）基于定
性和定量相结合的方法对农村公路建设效果进行了确认，提出了建设效果
评价指标体系、计算公式、综合指数评价方法。于艳春（2011）建立的农
村公路建设项目后评价指标体系由建设过程、社会经济影响、环境影响及
目标持续性等四个后评价组成，并采用层次分析法、成功度评价法、多极
模糊综合评价法等建立了适合农村公路建设项目的综合后评价模型。

　　在农村公路项目建设对农村地区的影响效果评价方面，陈岳峰、田园
（2012）等提出了基于反事实场景技术的农村公路项目影响评价，通过设
置农村公路项目的处理组与对照组，构建了基于多层回归模型和计量经济
模型框架的农村公路项目影响评价模型。刘波（2021）从农村公路引领和
服务乡村振兴的角度出发，构建了由综合情况、建设情况、管理情况、养
护情况、运营情况 5 大类指标共计 24 项具体指标构成的乡村振兴战略背
景下的农村公路评价指标体系。

从上述研究可知，农村公路的社会经济效益更多地体现在改善贫困、促进教育发展、促进农村经济、改善民生等方面，无法直接照搬高速公路、国省干线公路网的评价方法和评价指标体系，因此，必须有所侧重有所选择的构建适合农村公路建设根本目的的绩效评价方法体系，确保其通达、通畅根本目标的实现。

2.3.3 农村公路服务管理及服务质量方面

农村公路服务其他方面的研究主要集中在养护管理、养护质量考核评定、农村公路服务设施与服务技术等方面。赵笃康（2004）研究认为在农村公路养护和管理工作中，认识到位是基础、创新机制是关键、资金筹措是重点、严格标准是核心、强化路政管理是长久之计。郭法霞等（2007）认为必须建养并重，建立养护管理的长效机制，并针对我国农村公路量大面广、养护需求与养护供给之间矛盾非常大的问题，提出适合农村公路养护管理的创新思路。刘勇等（2010）认为按照农村公路线路多、里程长、分布广、密度大的特点，农村公路养护质量的考评应作为一项重要的政治任务。花蕾（2011）指出公路服务质量的构成要素有服务条件、服务环境和服务活动，要从这三个要素入手评价公路用户对可达性、安全性、便捷性、经济性和舒适性的要求。张文刚（2012）根据江西省的实践论证了农村公路综合服务站对推动农村客运、物流网络，实现农村客运网络化目标，完善和优化运输资源配置，谋求农村公路在"量"上和"质"上的提升有重要的意义。李月光等（2013）研究了基于人工智能的模糊神经网络方法在农村公路养护管理评价中的应用，结合模糊理论和神经网络方法，采用模块化设计思想，初步建立了农村公路养护管理评价的结构模型。

综上，已有的关于农村公路服务的研究认识到我国农村公路总体供给数量不足的问题有改善，但无法充分满足农村社会经济发展需要的"质"的要求，对于农村公路如何提高服务管理水平等方面的研究相对较少，特别是农村公路服务内涵与质量维度的更少有涉及。

2.4　本章小结

本章通过对服务质量评价理论、公共服务质量评价理论与方法、农村公路服务管理相关研究的文献综述与理论回顾，对已有研究的重要成果及局限性进行了探讨，归纳总结出本书研究的理论及管理实践价值。本章主要研究结论如下。

从服务质量评价理论与方法研究来看，现有研究存在三个方面的不足：（1）虽然对服务质量管理的研究出发点已经基本趋同于顾客感知和顾客期望之间的差异，但是对顾客期望和顾客感知之间的关系缺乏更进一步的探索；（2）在测量顾客感知的服务质量维度时，由于顾客和服务提供者之间的关系千差万别，直接套用质量差距模型去分析不同行业的质量维度会由于缺乏实证的检验而变得指导性不强，因此，对不同行业的服务质量维度的表现形态从服务内在本质出发进行分析与研究是服务质量管理需要解决的基础问题；（3）在服务质量评价的模型与方法的构建与选择上，学者之间仍存在分歧，还缺少一个"服务质量概念确定—服务质量形成机理—服务质量维度分析—服务质量测量评价"的完整的理论模型，这一服务质量机理模型在农村公路领域的实证研究还有待进一步深化。

从公共服务质量评价理论与方法研究来看，国内外学者根据经典的服务质量管理理论在公共服务质量管理领域做了大量有益的尝试，但是对公共服务质量的内涵及质量维度方面仍存在较大的认知差异，特别是对那些顾客（用户）主要和公共部门提供的公共产品（服务）而很少和服务人员发生接触的领域如何识别服务质量、进行服务质量评价则较少涉及，例如农村公路的服务质量。

从农村公路服务研究来看，"重建养、轻服务"思想仍然存在于我国农村公路的研究成果之中，并体现出几点不足：（1）对农村公路服务根本属性和内涵理解还存在一些差异，这些差异可能会导致在解决农村公路发展问题的目标性和原则性产生不一致，因此，对农村公路服务这一研究对象的内涵及本质属性的梳理和凝练成为本书要首先解决的基本问题；（2）农村公路经过多年发展之后，基本解决了"量"上的问题，而在"质"的提高这一现实问题上，现有研究结果理论指导性不强，特别是缺少实证数据的检验支持。本书期望通过综合使用公路经济学、服务管理学、公共经济学等理论知识深入系统地揭示农村公路服务质量的本质，以期对我国农村公路服务质量评价实践工作产生指导和参考作用。

第3章 农村公路服务质量
及形成机理分析

本章通过对农村公路服务内涵及特性的分析，构建农村公路服务传递系统的示意模型，为后续农村公路服务质量形成机理的分析工作提供依据；深入审视服务质量概念模型的相关理论基础及文献资料，对农村公路服务质量评价中服务质量的内容和形成机理进行研究，为后续建立评价指标体系和评价模型奠定基础。

3.1 农村公路服务内涵及特性

3.1.1 农村公路的内涵界定及特性分析

按照《中华人民共和国公路法》和《公路工程技术标准》（JTG B01 - 2014）中的有关技术规定，公路一般分为高速、一级、二级、三级、四级公路；按照行政等级可分为国家、省级、县级、乡级、村公路及专用公路6个等级，一般把前两者称为干线公路，将县、乡公路称为支线公路，并从政治经济意义、主要功能和管理主体三个维度对县、乡、村公路进行了界定。

上述对不同等级公路的划分中本无农村公路这一分类，为了尽快消除广大农村地区落后贫穷的面貌，缩小城乡差距，从20世纪90年代末起，国家层面提出了农村公路的概念，以突出和加强对各地修建农村公路的指导性。在1996年正式发布执行的《公路养护技术规范》（JTJ 073 - 96）中首次出现了农村公路的提法。从此以后，从官方发布的各种通知、文件中可以看出，对农村公路的定义在不断完善。表 3 – 1 为 1996～2021 年我国发布的各种通知、办法、规定、标准中关于农村公路定义的汇总情况。

表 3 – 1　　　1996～2021 年我国各级主管部门对农村公路含义界定一览

序号	观点	主要内容	发布单位	文件来源
1	公路行政等级的一种别称	县道和乡道，后来将村道也包括在内	交通部、国家发展计划委员会、国家计委、江苏省交通厅	《关于印发加快农村公路发展若干意见的通知》《农村公路发展规划说明及编制方法指南》《县际及农村公路改造工程管理办法》等
2	基础设施	农村重要的公益性基础设施	国务院办公厅、国家发改委、交通部等	《农村公路管理养护体制改革方案》《全国农村公路建设规划》等
3	符合一定技术标准的公路	按照国家或省技术标准修建的县道、乡道、村道	福建省交通厅、湖北省人大常委会、山东省人大常委会等	《农村公路工程建设标准》《湖北省农村公路条例》《山东省农村公路条例》等
4	建设依据	纳入农村公路规划的县道、乡道、村道等	河南省人大常委会、甘肃省人大常委会等	《河南省农村公路条例》《甘肃省农村公路条例》等
5	战略性设施	农村经济社会发展的先导性、基础性、公益性设施	交通部、河南省人大常委会等	《全国农村公路统计标准》《关于实施农村公路三年行动计划乡村通畅工程加快农村公路发展的意见》等
6	公益性基础设施	打赢脱贫攻坚战、实施乡村振兴战略的重要抓手	国务院办公厅	《国务院办公厅关于深化农村公路管理养护体制改革的意见》
7	交通强国建设重要内容	农村地区重要基础设施，保障和改善农村民生的基础性、先导性条件	交通运输部	《农村公路中长期发展纲要》

从上述国家、省市、部委等关于农村公路的界定和描述当中我们可以看出，随着时间的推移、农村公路在综合交通运输体系和社会经济发展中

重要性的增强，农村公路的内涵也越来越丰富。主要表现在由最初简单地按公路行政等级组成（县道和乡道），进一步对县乡道的界定做出解释，再到将村道也纳入定义之中；发展到对农村公路的公益性基础设施地位的肯定，对农村公路的建设依据和技术标准做出严格规定；最后进一步从国家战略高度对农村公路的积极作用和经济社会贡献做出总结。农村公路的建设和管理被认为是建设社会主义新农村、大力推进新型城镇化建设、实施乡村振兴的关键路径，在这样的历史演进背景下，对农村公路内涵界定的不断丰富和完善就成为必然。

表 3 - 2 是近年来我国学者对农村公路内涵界定的主要情况，从学术研究的角度进一步反映了农村公路地位和作用的演变。

表 3 - 2　　　　　　　现有文献中关于农村公路定义的汇总

年份	提出者	定义
1996	乌小健	公路运输网络的重要组成部分，是干线公路的延伸与补充
2003	刘丽梅	包含了县道、乡道以及乡道中主要为村域内经济服务的公路（村道）
2004	克里斯滕森，保罗·诺曼（Christensen，Paul Norman）	将商品投放到市场、将人员送到指定地方的道路链条中的重要环节
2006	史兰兴	农村地区的基础性、公益性设施，是建设社会主义新农村的必要保障和重要内容
2007	于成富	是国家级、省级干线公路的延伸和补充，是公路网的重要组成部分，以通达村委会所在地或村小学为标准
2008	赵莉、袁振洲	以干线公路网为基础的县道、乡道和村道的总称，是区域交通的支脉
2008	张丹丹	是道路交通发展到一定阶段的必然产物，是整个公路运输的毛细血管
2008	沈群	实现"通达工程"的公路
2010	雷明	列入县级人民政府批准的公路建设规划，按照国家、省公路工程技术标准修建，经交通主管部门验收合格的县道、乡道和村级公路

续表

年份	提出者	定义
2011	饶桂生、齐丽萌、张润清（Guisheng Rao, Limeng Qi, Runqing Zhang）	统筹城乡协调发展的公路网建设的重要桥梁，是新农村建设的根本，引领和驱动
2019	周烨	政府主导供给的包括县道、乡道和村道，以及相关的附属设施在内的公共产品或服务

但是，本书认为上述关于农村公路内涵界定的演变以及各种定义，只解决了农村公路的识别以及存在价值，未能从其服务于经济社会发展、生产生活资料运输集散的本质功能入手进行描述，不利于进一步加强和改善农村公路的服务管理水平，充分发挥其应有的作用。因此，本书比较赞同学者张丹丹、沈群等（2008）的提法，在定义农村公路时应更多考虑其概念提出的历史背景、基本功能以及主要服务对象。综合前述相关文献梳理和对官方定义的收集汇总结果，本书给出的农村公路定义是：农村公路是我国经济社会和交通运输发展到一定阶段的特定产物，是国家公路网的重要组成部分，是以加强县、乡与行政村之间、行政村与行政村之间联系，服务生产生活所需的各类客、货运输为核心功能修建的，以"通达通畅"为目标的公路，主要由纳入各级农村公路发展规划并按照国家或者省（自治区、直辖市）制定的公路建设技术标准修建的县道、乡道和村道及其附属的桥梁、隧道和渡口组成。

与国省干线公路相比，农村公路整体呈现数量大、分布广、以服务于一定区域的生产生活为目的、是农村重要的公益基础设施等特点。因此，结合对农村公路定义梳理分析和相关文献汇总，本书认为我国农村公路具有如表 3-3 所示基本特性。

表 3-3　　　　　　　　　我国农村公路特性

序号	特性	含义
1	技术经济特性	总量大，覆盖面广；连通县城、乡镇、农村及居住点
2	交通供需特性	交通量小，运输强度小，以满足基本通行需求为目标
3	路网规划特性	地形复杂，技术等级低，功能简单，存在一定的改进空间

序号	特性	含义
4	建设运营管理特性	农村公路的参与者涵盖车辆、驾驶员、行人三部分；主要由机动车辆、非机动车辆、行人等组成混合交通；道路环境错综复杂、随意性较大；管理方式主要以建设管理和养护管理为主，交通管理和安全管理相对薄弱等
5	社会经济服务特性	繁荣农村区域经济，促进农村社会进步，加快乡村振兴，推动现代化农业发展，缩小城乡间基本公共服务差距

3.1.2　农村公路服务内涵界定及特性分析

1. 服务的内涵与特征

"服务"一词，经常被与"产品"相提并论，是人们在生产、消费过程中大量使用的概念。在今天，服务业居于先导地位，从来都没有一个时期像今天这样关注服务业、关注服务。

在汉语词典中，服务本指"为他人做事或工作"。此定义来源于在社会分工条件下人们从事不同的劳动和工作，彼此互相提供服务。随着社会分工的进一步发展，有一部分人就不再从事传统的工农业生产，开始专门从事商业、餐饮、住宿、医疗等非工农业生产活动，这些生产活动只为他人提供某种利益或效用，就形成了早期的服务现象。随着经济社会的发展，服务这种生产活动的范围和内涵在不断地丰富与深化，人们也开始试图去界定这一种特殊的生产活动，多年来形成了很多具有建设性但却无法汇聚成公共权威性的学说观点。

理论研究领域，服务这个概念最早起源于经济学中对经济物品的划分。在西方社会，最早对服务一词进行概念描述的当属法国古典经济学家让·巴蒂斯特·萨伊（Jean Baptiste Say），他在1815年出版的代表作《政治经济学概论》中论述生产要素构成时，指出服务是一个经济主体把某种经济要素的使用权转让给另一经济主体，受让方使用后获得使用价值而非价值，也就是说服务的转让或交易不会造成所有权的转让；[①] 弗雷德里克·巴斯夏（1850）认为劳务这种服务必须可以转让，同时劳务的提供者

---

① [法] 让·巴蒂斯特·萨伊. 政治经济学概论 [M]. 北京：商务印书馆，1997.

要努力工作才会有人愿意接受转让，但是不能也不好判断其价值是否和努力程度成正比关系；[①] 卡尔·马克思在其经典著作《剩余价值理论》中指出，服务不过是劳动所提供的使用价值，因为这种特殊的使用价值，给其起了个区别于产品的"服务"的特殊名称，主要因为劳动是以活动的形式提供的。[②] 表3-4是对近现代关于"服务"概念研究成果的汇总。

表3-4　　　　　　　　　近现代"服务"概念研究归纳

序号	观点	主要内容	提出者
1	形态说	不具有实物形态、无法感知；可以和有形产品关联，例如材料、设备和人员等	里根（Regan, 1963）；富克斯（1987）；《企鹅经济学词典》[③]；希尔（Hill, 1977）；赛斯（Sasser, 1978）；P. 佩蒂特（1987）；菲茨西蒙斯（Fitzsimmons, 2000）；佩里切利（2000）[④]；杨学成、郭国庆（2009）
2	过程说	一系列无形活动的过程，生产和消费同时进行	内蒂诺恩[⑤]；奎恩（Quinn, 1987）；科特勒（1999）；ISO9000：1994[⑥]；格罗鲁斯（1982）；泽斯曼尔（2001）；布鲁恩（Bruhn, 2006）
3	价值说	可以用来交换的有价值的，但不涉及所有权转移的活动	古姆松（Gummesson, 1993）；沙洛特科夫[⑦]；A. 佩恩（1995）；贝森[⑧]；詹姆斯[⑨]；庄丽娟（2004）；黄少军（2000）；畠山芳雄（2011）；斯波尔（Sphorer, 2007）
4	效用说	为消费者或用户提供某种消费利益或满足感，常表现为时间、地点和形态效用	AMA[⑩]；斯坦顿[⑪]；瑞德尔（1986）；费希尔（2014）；洛夫洛克（2007）；蔺雷、吴贵生（2007）；李琪（2008）

综合以上对服务内涵的定义和探讨，可知前述学者对服务的界定总体

---

① ［法］巴斯夏. 和谐经济论［M］. 北京：中国社会科学出版社，1995.

② ［德］马克思. 剩余价值理论［M］. 北京：人民出版社，1975.

③ ［英］格雷姆·本那克. 企鹅经济学辞典［M］. 北京：外文出版社，1996.

④ ［意］G. 佩里切利. 服务营销学［M］. 北京：对外经济贸易大学出版社，2000.

⑤ 朱锦红. 服务、服务营销、感知服务质量的研究综述［M］. 现代管理科学，2010（7）：112-114.

⑥ ISO. ISO 9000：1994［S］. 1994.

⑦ 沙洛特科夫. 非生产领域经济学［M］. 上海：上海译文出版社，1985.

⑧ 冯俊. 服务企业管理［M］. 北京：科学出版社，2007.

⑨ James H Gilmore. 体验经济（升级版）［M］. 北京：机械工业出版社，2012.

⑩ 孟旭，张树青. 关于服务定义研究视角的探讨［J］. 商业时代，2009（15）：17-18.

⑪ 刘选，张兴华. 基于服务科学学科的服务概念界定［J］. 甘肃科技，2008（12）：59-61.

基于"形态说""过程说""价值说""效用说"四类观点，分别说明了其表现形态、活动过程、价值形式以及给提供和接受服务的主体带来的效用。正如同洛夫洛克（Lovelock）所说，要想精确定义服务确实非常难以办到。冯俊（2011）的研究认为服务应是一个以服务行为为核心的多层次概念体系，包括服务行为、服务产品、服务组织、服务产业和服务社会五个层次。考虑到服务提供的形式、服务的表现、服务提供的过程以及服务活动的结果及效用等因素，结合本书的研究主题，我们给服务的定义是：服务是指由服务提供者以劳务等非实体形态方式，必要时结合其他有形资源向顾客（用户）提供满足其需要的有偿或无偿的一种活动过程，其结果是实现了用户和服务提供者各自的利益诉求。

特性是指事物内在的本质反映，是一个事物的内在特征。基于本书对服务定义以及前人的研究成果，本书认为服务具有以下几个方面的本质特性。

（1）无形性。无形性是指服务不具有直接可以触摸的形态，这个特性是一切服务区别于有形产品的本质区别，也是服务所有特性的根本。用户在接受服务提供者的服务过程中，具体服务内容的空间形态往往是不固定的，可能今天在这里接受服务，明天则在另外一个地方接受服务，无法也完全没有必要带着"服务"这种产品，况且大多数时候服务根本无法触摸；同时，服务对用户的效用不像有形产品那样可以在短时间内就给用户带来直接的效用或价值，例如，某人买了辆车，立刻就可以享受到因交通工具的改变而在时空上带来的便利。相反，服务的效用往往要过一段时间才会给用户带来收益或价值，例如接受治疗和教育服务等。因此，用户购买或接受服务的目的是要通过服务这种"产品"去满足其在特定方面的需求，目的是获得某种功能，功能或需求的满足可伴随有形产品的出现，例如接受教育时的课本、学习用具等。

构成服务的很多要素很难用语言或实体形式表现出来，用户在接受服务之前很难通过感官和肢体接触体验到自己所接受服务的存在状态及做出是否购买和接受服务的决策，而购买产品时就可以使用这种方法。这是由服务的无形性和实体产品的有形性的根本差异决定的。因此，用户在选择服务时，往往认为购买服务比购买产品面临的风险要大，这种风险感知的差异，也加大了服务提供者提供优质服务的难度。同时，由于服务所带来的需要的满足，用户很难在较短时间内做出判断，因此对服务质量做出客观公正的评价是较难的；同时，服务的无形性往往还造成服务质量在不同时间、不同地点、不同用户身上差异较大。

（2）异质性。服务具有无形性，而且在服务的过程中必然伴有用户的存在及参与，这就造成了服务第二个重要特性就是异质性。用户参与程度的不同和用户在接受服务过程中存在时间长短的不同，导致服务的构成要素往往会随着不同的服务对象而有所差异，很难统一标准。一般来说，用户接触和参与程度较低的服务，服务异质性就弱；而用户参与程度高的服务，服务异质性就会增大。特别是服务人员和用户之间的关系不同也会造成较大的服务异质性，进而会影响服务质量。这是因为服务质量是受服务提供者（特别是服务人员）、用户以及双方之间的交互关系三因素共同影响的。

所以，服务提供者（服务人员）与用户的交互关系、服务提供者（服务人员）与用户之间的差异决定了在提供服务的过程中必然会出现服务内容和服务质量的差异，即便是同一个服务提供者对同一名用户，在不同时间、不同地点也会出现差异。

（3）即时性。即时性是服务的另一大根本特性，由于服务的生产制造过程不像产品那样可以在没有用户参与的情况下发生，产品的生产活动、生产数量、生产质量都可以在产品到达用户手中之前加以控制。但是，服务必须在用户到达之后才可以开始，服务的生产过程也就是用户的消费过程。如果该项服务的用户参与程度越高，服务的生产和消费就越要同步进行，这就是即时性的表现之一——同步性。由于服务的生产和消费是同时或几乎同时进行的，服务提供结束后，用户的消费就结束了，这种用户在服务生产中与服务提供者高度接触，由服务人员将服务提供给用户，如果没有用户参与，服务就无法提供给特定的服务对象，因此，服务的消费在生产和消费过程中在时间上是无法分离的。这就是即时性的第二个表现——不可分离性。服务的不可分离性要求在服务管理或服务质量管理过程中必须将用户纳入管理范围，尤其是对服务人员与用户的交互关系产生的互动质量管理更加重要。

（4）易逝性。这种特性是指服务的过程和结果无法像产品或商品那样储存起来，这是由服务的无形性和即时性决定的。服务不具备储存能力，如果不及时将服务消费掉，就会造成服务的损失。由于服务不能储存，对于服务能力的设定和对服务需求的管理就非常重要，服务提供者需要贮存的不是产品，而是服务的生产能力。服务能力过大就会造成不必要的成本，服务能力不足就会带来用户的抱怨和机会损失。

（5）无主权性。泽斯曼尔等人将服务过程中将"服务"这种特殊产品的所有权不可转让的特性称为"无主权性"。这种特性是指在服务的生产和消费过程中不涉及有形物品的所有权转让问题，用户在接受完服务之后不会获得有形产品的所有权，服务在用户接受完服务之后就消失了，仅仅获得了对所接受服务的使用权或消费权。这一特性是导致用户感知服务风险的来源。

（6）效用性。作为一种经济互动过程，服务提供者和用户之所以双方愿意按照有偿或无偿的方式就"服务"这种商品进行交易，其根本目的在于满足双方的效用诉求。服务结束后，双方各自得到了预期的效用，这也是"服务"这种无形产品出现的本质要求。所以，服务带给供需双方的效用也成为服务的特性之一。按照郎志正（1994）的观点，服务带给用户与服务提供者双方的效用主要表现在时间性、经济性、功能性、安全性、文明性、舒适性六个方面。但是，由于服务的无形性、异质性、即时性、易逝性等特性，在服务的提供过程中和服务结束后，用户的参与及期望、服务人员与用户的交互，这种服务能给双方带来多大的效用往往难以准确界定，特别是该种服务效用往往难以量化表达，人们往往用服务质量的高低来近似表示服务效用的大小。

2. 公共产品（服务）的内涵与特性

公共产品（服务）是在人民生活和经济社会发展中无处不在的一个概念，对它的研究是一个开始较早、研究较广的话题。最早提出公共产品（服务）的概念的是英国的霍布斯，后来经济学家庇古、萨缪尔森都在其经济学著作中对公共产品理论做出了贡献。萨缪尔森认为公共产品按照竞争性和排他性可以分为"纯公共产品"和"准公共产品"两类，前者具有完全的非竞争性和非排他性，后者则不同时具有。

（1）公共产品与准公共产品的内涵与特性。要想从产品的经济学特征出发给公共产品下一个权威定义比较困难。但是公共产品的两个基本特征：消费上的非竞争性和非排他性却得到了众多学者的认可。公共产品不能采取收费的方式向特定消费者提供，因而以价值最大化为目标的企业不愿生产或无法生产，只能由代表全体公民的政府来提供。

准公共产品是指不同时具有非竞争性和非排他性的一类产品，它们都有一个共同的特点，即公共性存在临界值——通常把这个值叫拥挤点。在拥挤点以内的范围里，不存在竞争性和排他性问题。一旦消费人数超过拥挤点，消费者承担的边际成本开始上升，即会产生竞争和排他行为。世界各国实践证明，虽然准公共产品政府和私人都可以提供，但是如果投资额较大、且此类准公共产品具有某种自然垄断特征时，仍以国家投资为宜。本书研究的农村公路理论上是准公共产品的一种，是指在广大农村经济发展中起基础作用的公共基础设施，宜由政府主导，政府与市场结合提供相关服务。

除了消费的非竞争性、非排他性外，公共产品还具有消费的强制性以及效用的不可分割性等基本特性。[①]

学者陈其林、韩晓婷（2010）认为公共产品和准公共产品是可以相互转化的，转化的依据是公益原则和效率原则之间的目标倾向，公共产品和准公共产品之间可能会发生正向或逆向的转化。

（2）农村公共产品（服务）的内涵与特性。农村公共产品（服务）是相对于城市公共产品服务而言的，同理，农村公共产品（服务）就是满足农村生产、生活需要的公共产品（服务）[②]。近年来，出于缩小城乡差距、实现城乡公共服务基本均等化的目标，加强农村公共产品（服务）的研究被受到重视，越来越多的学者对农村公共产品（服务）的内涵、特性以及供给问题展开研究。

张平军（2014）将能同时被大多数农村居民共同消费和使用的、用于满足农村公共需要的产品定义为农村公共产品，农村公共产品也有纯公共产品和准公共产品之分。但是，在农村一些准公共产品的生产由于涉及国家安全和民生问题（如粮食、交通等）无法也不适合由某些市场化运作的部门来提供，所以这些准公共产品也一般由政府或社区来进行提供，向居

---

① 许彬. 公共经济学导论——以公共产品为中心的一种研究 [M]. 哈尔滨：黑龙江人民出版社，2003.

② 黄慧. "农村公共产品与公务服务" 国内研究现状述评 [J]. 现代营销，2011（12）：192 - 193.

民提供时通常以补偿成本为原则。

农村公共产品一般包括农村公共设施和公共服务。前者指由政府等提供给广大农村居民使用的公共建筑或者设备，一般包括义务教育、医疗卫生、交通、体育健身、邮政电信、行政管理等；后者主要是指满足农村居民生活、生存与发展的直接需求的服务，例如科技推广、咨询服务、合作医疗、职业化教育、社区服务等。严格意义来说，农村绝大部分的公共设施或公共服务都属于准公共产品的范畴，这是因为，公共产品的供给数量和供给质量都暂时无法满足强大的需求，会在不同时段不同程度地出现"拥挤效应"；同时由于地方财力的不足，农村很多公共产品或公共服务是由政府和农村村民共同出资修建的，甚至是完全由农村承担的。因此，按照提供主体的不同，又可以分为全国性公共产品、地方性公共产品以及区域性公共产品。

农村公共产品除了具有公共产品的一般特性外，由于其形成方式和作用机理与城市公共产品有很大不同，因此农村公共产品（服务）具有以下4 个特性。

（1）外延性。外延性是指农村公共产品在给所在区域农村和农民带来收益的同时，也会对区域以外的范围产生正向的影响。通常表现为增加农村公共产品的供给能够明显地提高对相关产品或服务的需求、扩大各类生产要素的流动，增加农民及有关部门的收入；降低农民进行生产、消费活动的成本，进而扩大对相关产品和服务的需求。

（2）依赖性。我国农业生产主要是靠农户承包土地等生产资料、分散经营实现的，抵御自然风险和经济风险的能力相对较弱，所以农民在进行生产活动时往往会对农田水利基本建设、农业科技、农业信息化等农村公共产品产生强烈的依赖。在农村经济市场化程度越高的地区，农民对农村公共产品依赖性越大。

（3）层次性。我国幅员辽阔，各地的发展极不均衡，不同地区的农村、农民经济发展状况和收入水平各不相同，导致农业、农民、农村的发展对公共产品需求千差万别，这就决定了农村公共产品供给的多层次性。农村公共产品需求消费的品种也是随农村经济发展变化而不同。

（4）低效性。我国农村数量众多、农民居住分散，导致很多地方对农村公共产品的投资很难使受益范围最大化。如偏远山村也有相当数量的农村道路、电网、电信设施，投资数额巨大、使用效率却非常低，但由于这些公共产品却对该地区的发展具有重大意义，况且即使偏远地区的农民也有权获得均等的公共产品，所以即使利用率低、经济效益差，政府也要保证供给。

3. 农村公路服务的内涵与特性

由上述分析可知，农村公路服务是一种比较特殊的准公共产品，具有自然垄断和公共基础设施的经济学特征。刘峰涛（2008）指出，农村公路属于纯公共产品，应从公共产品的外部性特性入手，运用农村公路对周边地区的溢出效应作为项目的回报与保证，可以增加农村企业产量、收入、利润以及农民的收入。陈红、田宇佳（2009）根据服务的定义和农村公路运输活动特点，将农村公路服务界定为：在人、车、物空间位移过程中，农村公路部门通过农村公路系统提供条件、环境和活动以满足用户行车需求的过程和结果。上述三位学者分别从公共产品角度和服务的角度进行了富有建设性的概念描述，综合考虑农村公路的公共产品特性以及所提供的是一种满足交通运输需求的服务本质，本书对农村公路服务的内涵给出了如下的界定。

农村公路服务是基于农村公路这种特定公共产品满足广大农村地区特别是农民的生产、生活需要，主要由政府等公共部门提供的一种公共服务。其主要表现形式为依托以政府为主修建的农村公路，实现服务于社会主义新农村建设和新型城镇化建设需要的各类旅客、货物运输需求，是直接满足农村地区居民生产、生活与发展的公共产品，是促进区域基本公共服务均等化的重要条件。由该定义可知，农村公路服务的提供主体是政府等公共部门，用户是广大农村及农村居民，服务方式是提供交通运输方式与载体，服务效果是促进了农村地区经济社会的发展、提高农村居民生活水平、促进了城乡基本公共服务均等化。

进一步地，根据菲兹西蒙斯（Fitzsimmons，2011）的服务包理论，我们可以画出农村公路服务的服务包示意图（见图3-1）。

图3-1中，农村公路服务的体验者就是农村公路的用户，即基于生产、生活需要而使用农村公路的全体人员；用户对农村公路服务的服务体验是指用户在接受农村公路服务的过程中呈现的体验关系。

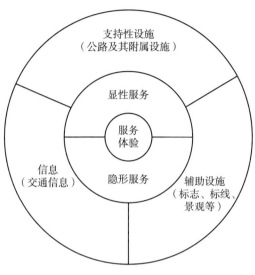

图 3 – 1　农村公路服务包

支持性设施：提供交通服务的必备条件，农户在使用农村公路前必须到位。主要包括县、乡、村道及其附属的停车区、服务站、排水、桥梁、涵洞、隧道、渡口、监控等。

辅助设施：各种交通标志、标线、客货运站场以及有关绿化、景观等服务设施。近年来，跨部门合作建立的快递服务店、乡村振兴服务中心、防灾避险处、旅游导览亭等也成为农村公路必要的辅助设施。

信息：交通路况信息、天气出行信息、道路施工信息、客运物流信息等数据或信息系统。

显性服务：可以被用户直接感觉和觉察到的构成农村公路基本服务的部分，如路面的平整性、视距的良好性、道路绿化美化整洁情况、便利地驶入/驶出公路、能否顺利抵达目的地、有无专业的养护管理人员等。

隐性服务：用户模糊感觉到的能够在体验上或精神上带来的收获或满足，是农村公路服务的非本质特性。例如，是否有良好交通秩序、能否提供较快的行驶速度、夜间行车的安全感等。

同样，我们根据农村公路服务的定义及前述研究，农村公路服务具有以下特性，这些特性将对农村公路服务的质量分析奠定基础，其中前四项是作为公共产品的特性，后四项是作为农村公路用户可感知服务的特性。

（1）农村公路服务的外部性。农村公路作为广大农村地区内部交通和对外联系的重要公共产品，建设农村公路与农村经济的发展就成为互补关系。一方面，农产品属于第一产业，农产品的深加工属于第二产业或第三产业，农村公路的快速发展有利于农产品的加速转化和价值实现；农村公路建设滞后，将不利于以农业为主的农村经济的发展，同时对第二产业、第三产业的制造部门和服务部门也有影响。另一方面，农村公路可以优化农村投资环境，产生更多的经济增长点和就业岗位，刺激农村消费的增长，进而带动农村区域经济的发展。

（2）农村公路服务的依赖性。农村是广大农产品资源和社会劳动力的来源地，农产品的生产和销售过程中必须依赖相应的交通运输条件，剩余劳动力进城务工、农业技术下乡、扶贫帮困都需要一定的交通运输条件，所以说经济落后的农村地区更需要大力发展农村公路，而经济条件较好的农村地区需要农村公路这种重要的生产条件和基础设施来将产出转化为收益。

（3）农村公路服务的差异性。农村公路点多、面广、数量巨大，在我国现行国情财力的条件下，完全由政府财政投入兴建一定技术标准的农村公路，不仅在资金上而且在条件上都无法同时满足，特别是西部山岭重丘地区和东部平原地带，由于自然条件和经济发展基础的差异，西部地区农村对农村公路的需求更加明显，但是农村公路的供给不足和服务水平偏低；而东部地区农村对农村公路的需求不是那么旺盛，但是供给水平相对较好。在全国、各省，乃至一些地市都存在这样的不平衡性。

（4）农村公路服务的低效性。由于我国农村地域辽阔，农村居民住得比较分散，使得以农村公路为代表的公共产品不可能向城市道路、国省干线那样被高效利用，因此投资回收期长、利用率低，即便进行收费，也很难在一定时间内将全部投资收回，但由于关系农村社会经济发展，成为即使私人不愿意投资政府也要买单的公共产品。

（5）农村公路服务的无形性。同其他服务一样，农村公路提供的服务就是为广大用户尤其是农村居民提供交通运输服务，提供旅客和货物的空间位移服务，这种服务的供给和消费是无形的。用户在使用农村公路完成所需的交通运输需求之前没有办法通过感官和触觉去判断公路服务的优劣，只有当完成服务活动之后方可做出相应的判断和评价，即便可以看到或者接触到一些农村公路的相关要素，例如标志标牌、休息区、服务站甚至公路服务人员，这些要素也是基于满足用户接受交通运输服务为目的的服务支持要素或辅助要素，虽然是有形的，但是对用户而言，其无形的核心服务仍然是价值主体。

（6）农村公路服务的即时性。农村公路服务的生产和消费也是同时进行的。用户进入农村公路就开始对农村公路进行消费，这个过程也是农村公路部门服务的生产过程，体现了农村公路服务的同步性。生产和消费在时间和空间上无法分离，即不可分离性，这种特性决定农村公路用户在接受服务的过程中必须与公路服务的提供者或其载体（公路）发生接触，用户必须参与到农村公路服务生产过程之中，服务过程中和服务结束后用户感知的农村公路服务质量受到其与有关服务设施及人员交互关系的影响。另外，农村公路服务无法通过"库存"来满足用户需求。用户及其车辆在公路上行驶并按计划走完全程，农村公路就提供了一次完整服务，不可能提供第二次服务，这就是农村公路服务的易逝性。

（7）农村公路服务的异质性。农村公路是一个露天的服务设施，其服务质量很容易受天气、季节、道路环境等外在因素的影响，进而服务水平出现波动，影响服务质量。此外，用户的性格特征、思维方式、驾驶习惯、交通观念等因素都会显著会影响用户的感知服务质量，有时还会由于偶然事件对公路服务提出特殊要求，从而对农村公路服务效果和服务质量产生直接影响。同时，不同的农村公路（县道与村道等）由于其服务人员、服务水平存在差异，服务质量也会有显著不同。

（8）农村公路服务的无主权性。农村公路及其附属设施由农村公路部门兴建并负责管理，用户在消费农村公路服务的过程中，不涉及任何有形物品所有权的转移，即用户在消费结束后不可能将一段公路、一座桥梁或是一个指示牌带回家，因此，农村公路供给部门与农村公路用户之间不会发生所有权的变更。

表 3-5 为农村公路服务特性的简要汇总。

表 3 - 5　　　　　　　　　　农村公路服务的特性分析

序号	特性	表现
1	外部性	促进农村消费，扩大农村需求和拉动经济增长
2	依赖性	农村经济社会发展必须依赖交通运输条件
3	差异性	农村公路供给水平与需求水平的差异导致同地区服务的差异性
4	低效性	投资回收期长，利用率较低，主要由政府提供
5	无形性	提供旅客和货物的空间位移服务是一种无形服务
6	即时性	农村公路服务具有同步性、不可分离性和易逝性
7	异质性	交通条件、用户自身、交互关系方面的差异决定了质量波动
8	无主权性	用户只消费了公路使用权，不涉及任何有形物品的所有权转移

3.1.3　农村公路服务传递系统描述

农村公路服务传递系统是指农村公路部门设计和打造的将农村公路服务从规划、设计到建设、养护并提供给农村公路用户使用的综合系统，其本质是农村公路部门对公路服务的运营和管理过程。从其组成部分来看，服务传递系统包括后台部分和前台部分，其中前台部分主要由硬件要素组成，后台部分主要由软件要素组成。用户可以感知的有形部分构成了农村公路服务的硬件系统，主要包括公路设施、路网布局、建设与养护技术和相关的设备、车辆等；用户很难直接感知的无形部分主要包括农村公路规划、建设、管理的服务流程，相关工作人员的培训以及制度建设等，它们共同构成了软件系统。

图 3 - 2 为根据目前农村公路建设、养护、运行、管理等方面的实际情况绘制出的农村公路服务传递系统示意图。

由图 3 - 2 可以看出，农村公路服务的提供与生产受社会经济环境影响、对所在区域用户需求的判断、资金支持力度以及相关人员投入状况的影响，直接决定了能提供给用户什么样的公路服务硬件和软件设施等。农村公路服务传递系统的设计可以使农村公路部门将原来对农村公路建设、养护、管理等活动结果的关心向如何向农村公路提供服务的过程的关注转变。该系统涉及了决策、运营、生产、资金等系统，要求从农村公路规划设计开始就要重视服务质量，重视这些质量是如何被用户感知的。

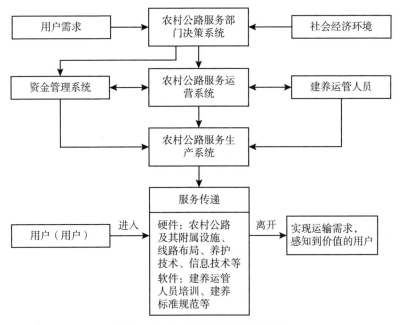

图 3 - 2　农村公路服务传递系统

3.2　农村公路服务质量内涵分析

3.2.1　服务质量内涵与特性

1. 质量的定义及特性

在以手工作坊为主要生产方式、以自给自足小农经济为特征的古代社会，产品的质量主要靠作坊内的师傅根据长期以来的经验和掌握的熟练技术确定，即便是社会发展到一定阶段之后，出现了社会分工，产品的质量也主要是按照这种方式确定的。第一次工业革命之后，机器大生产和工厂的出现，使得西方工厂里出现了对生产效率和生产质量的研究。20 世纪初，一些学者对质量的概念进一步加深认识，初步提出了符合性质量概念——质量就是产品符合现行标准的程度，是用来衡量产品好坏的尺度。这种概念很长一段时间内被人们认可，认为只要产品达到了标准，一定会满足用户的需求。费根堡姆（Feigenbaum，1956）提出了要对产品制造、销售、使用等各个环节进行质量管理的"全面质量管理"概念，要建立质量保证体系，首次将质量的符合性描述向全过程的适用转化。质量管理大师朱兰（Juran，1961）将质量定义为"质量就是适应性"，指出对用户来说，用户根本不知道规格和标准是什么，只知道哪些产品特性是有用的，能满足其特定需求，因此产品必须保证能够成功满足用户的目标要求，这种概念强调了质量必须要满足用户需求。1991 年，费根堡姆在其经典著作《全面质量管理》中将质量定义为"质量是一种满足顾客的期望的综合体"，这个概念说明了衡量产品或服务质量的目的是确定和评价产品或服务接近这一综合体的程度和水平。

从 20 世纪 80 年代末至今，国际标准化组织（ISO）在其制定的《质量管理和质量保证》（ISO9000 系列）（1987 版、1994 版、2000 版、2008 版、2015 版）五个版本中不断对质量定义进行修正、优化。其中，1987 版和 1994 版将质量定义为"反映实体满足规定和潜在需要能力的特性总和"；2000 版和 2008 版则将定义修改为"一组固有特性满足要求的程度"，2015 版进一步明确为"预期的功能和特性，还涉及顾客对其价值和影响的感知"。① 这一定义的修改体现了质量既要符合相应标准的要求，更要满足用户的需要尤其是在感知层面的价值。在 ISO 对质量的定义中我们可以看出，"质量"是一个广义的概念，这个概念既涵盖了产品或服务的本身，也涵盖了产品或服务从生产到消费的全过程，更加清晰地指出了质量特性一定要满足用户动态的、相对的、发展的质量要求。

质量定义中所指的"程度"应该是可以被衡量的，因此用于衡量的各种有关产品或服务的固有属性构成了质量的特性。要达到顾客满意，就必须要满足顾客需求，顾客的需求是多种多样的，质量的特性也会有很多表现形式。基于本书研究目的，本书倾向于采用真正质量特性和代用质量特性这两种特性概念，其中真正质量特性是指产品或服务能够真正反映用户需求的质量特性，但是这种质量特性往往难以全部采用技术手段进行衡量，因此需要寻找一些可以反映用户需要的量化指标或数据来表示，这就是代用质量特性。在服务过程中，用户的真正需要往往很难具象、量化，更加需要使用代用质量特性。这些质量特性的识别也就是质量的界定方法。

---

① 刘晓论，柴邦衡 . ISO9001：2015 质量管理体系文件 ［M］. 北京：机械工业出版社，2017.

2. 服务质量内涵及特性

最早提出"服务质量"概念的当属列维特（Levit，1972），他认为服务质量就是指服务能否达到预设的标准，从此定义明显可以看出受到当时比较风靡的"符合性质量"观念的影响。

真正为提高服务性行业的服务质量，在服务管理和服务营销领域进行研究并提出服务质量概念始于20世纪80年代。比较有突破性贡献的当属刘易斯和布姆斯（Lewis & Booms，1982）将服务质量定义为衡量企业服务水平能否满足顾客期望程度的工具。格罗鲁斯（1984）提出消费者感知服务质量的概念，认为服务质量是存在于消费者头脑中的主观范畴，由消费者对服务期望同实际感知的服务质量之间的差异决定，并提出服务质量包括技术质量和功能质量。帕拉苏拉曼等（Parasuraman et al.，1985）把服务质量看成是顾客所感受到的服务质量水平与期望的服务质量水平之差。

服务质量概念源于实体产品质量的观念，且很难通过量化的方式直接测量其应达到的标准。因此，服务质量经常定义为"符合顾客需求的规格"。为了找到"符合顾客需求"的衡量标准，众多学者对服务质量进行了多角度、多层次的研究，主要结论如下。

刘易斯和文森特（Lewis & Vincent，1990）认为服务质量是服务符合顾客需求的程度；比特纳（Bitner，1990、1992）认为服务质量是顾客在消费后决定是否再次购买的态度，且顾客满意对感知服务质量有正向影响；斯蒂芬和汤普森（Knutson Stevens & Paton Thompson，1992）认为服务质量是顾客对组织提供服务的预期和其实际获得服务之间进行比较的差距程度。范秀成（1999）通过构建扩展的关系质量模型，认为顾客的感知状态形成了服务质量，并且这种质量受顾客和员工的交互关系和服务过程影响。郭国庆（2003）则进一步从职能质量和技术质量两个维度对服务质量进行定量的实证分析，验证了服务质量是顾客对服务的实际感受和预期服务质量的对比。

这些定义反映了人们对服务质量认识的演变过程，基于相关文献研究成果和质量定义过程中质量观的发展，本书认为：服务质量是用户在接受服务的过程中和结束后对实际所获得的服务感受与服务前对服务的质量期望之间的主观评价，用来衡量服务满足顾客需求的程度，其高低取决于顾客满意与否。

虽然国内外学者对服务质量还在不断完善，但并不影响我们对服务质量内在特性的揭示。根据服务质量概念的发展历程，以及上一章对服务内涵及要素特性的研究，本书认为服务质量具有主观性、交互性、过程性、异质性及难测性。

（1）主观性。服务质量是一个顾客主观感知的质量概念。由于在服务过程中不便也无法通过监测或测量的方式去检验服务标准，所以对用户参与度高的服务过程在认知和控制上都存在较大的难度。我们知道，有形产品可以通过许多技术手段和客观标准去衡量其是否符合标准，是否达到了用户要求，这些测量手段和客观标准不会因为使用者是谁、谁买走了产品的所有权而发生改变，也就是同一种产品的质量是稳定的。但是服务的质量却会因为用户的不同而产生不同的感知，因而很难得出一个较为稳定的质量结论。不同年龄、不同文化背景的用户服务的保证性要素在理解上和感知度量上受到自身主观认知的影响，例如，年轻用户可能会认为态度一般的服务糟透了，老年用户却可能不这么认为。可以说，用户的心理情况、主观愿望、性别、年龄、所处的服务环境等都会影响用户对服务质量感知的主观评价。

（2）交互性。在服务质量形成的过程中，服务的生产和消费在同时进行，用户与服务供给方（服务人员）之间产生交互关系。这时，用户对服务质量的影响是巨大的。按照范秀成（1999）的观点，用户和服务员工的交互状态对服务质量起着决定性作用，如果没有用户的参与和配合，或者用户将其服务要求没有清楚表达，服务质量就会低下，还有可能导致服务失误。所以，有的学者认为服务质量的重要组成是交互质量。

（3）过程性。正是因为用户在与服务员工的互动过程中双方的交互对服务质量起着非常重要的作用，所以过程质量是服务质量的重要组成。服务结果是服务过程的必然结果，也是用户接受服务的本来目的。如果服务结果很好，但是整个服务过程感觉非常不好，那么用户也不会对服务质量有较好的感知，即服务感知质量可能是低下的；如果服务结果很差，那么即使有好的服务过程，也可能导致服务失误的发生。

（4）异质性。服务具有异质性，因此服务质量也具有异质性特性。即便提供的是标准化服务，也可能会因为用户在不同的时间、不同的心情、不同的情况下在接受同一服务时会做出不同的服务感知评价；也可能是同一服务人员在不同情况下服务同一名顾客也会产生不同的服务感知质量。

（5）难测性。产品的质量检测聚焦于组织内部效率方面。在服务质量的检测过程中，除了要使用各种方法检测是否达到了预设的服务标准，还要测量服务质量的外部效率，即交互服务质量，也就是对用户关系质量的测量；要测量在服务的过程中和结束后，服务质量对服务提供者与用户之间关系发生着什么样的作用，对于关系质量的测量困难得多，而这个又对提升服务质量意义重大。玛尔（Marr，1986）的研究也认为服务质量具有同时性、无形性、主观性、模糊性、易消灭性与变异性，而且受到评价准则选取和评价人员主观判断的影响，使得服务质量衡量及评价更为复杂及不易。

3.2.2　农村公路服务质量内涵界定

基于第 2 章文献回顾、前述对农村公路及农村公路服务概念的梳理与界定，综合考虑服务质量的理论内涵，本书对农村公路服务质量的定义如下：农村公路用户在使用农村公路的过程中对供给者提供的服务条件、服务绩效的感知与自身期望的差异。[①] 关于这个定义，可以从以下几个方面理解。

1. 农村公路服务质量是一种主观质量

作为一种公共服务，农村公路的服务质量首先是一个主观的质量概念。用户往往会觉得这些服务是应当存在的，提供是必须的，不提供是不能接受的。因此，只有在一个长期交通不便的地区，农村公路修通后的一段时间，用户对服务质量的感知会比较好，一段时间过后，这种感知就会慢慢淡化，甚至可能没有意识对农村公路提供的服务去做主动的感知和评价。只有当用户行走或行驶在农村公路上时，出现了交通堵塞、道路损毁、安全事故等时才会对该项服务形成"不好"的感知。

另外，年轻用户会关注道路的行车速度，绿化美化，是否很便利地能到达目的地，如果这些方面提供得比较好，他们就会对农村公路做出比较

---

① 夏明学，郗恩崇，李武选 . 农村公路服务质量关键要素研究［J］. 统计与决策，2015（8）：132 – 135.

好的评价；反之则不会。年老用户则会关注路面是否平整、不颠簸，是否有便利的休息站等服务设施，必须搭乘客运班车时是否有比较方便的招呼站、简易客运站等，这些方面如果比较好，老年用户的感知评价就会好。所以说，服务质量的好坏，取决于用户对农村公路服务的认识、接受、熟悉过程之中的主观印象，受不同特征用户基于不同期望的感知影响。因此，农村公路服务质量首先表现为一种主观感受。

2. 农村公路服务质量是一种交互质量

用户在使用农村公路的过程中，直接接触的是道路等有形的服务设施，虽然与服务人员接触较少，但是不能改变在整个服务过程中用户全程参与服务的生产与消费活动。在这个过程中，服务质量就形成了。服务人员只在必要时出现，并且在大量时间里这些人员的工作就是维持和保证这些服务设施运行良好；服务人员会根据主动观测或用户的反馈去调整优化服务的供给水平，用来满足变化的服务需求。所以，农村公路服务质量通常情况下表现为以道路设施为中介的用户与服务部门（人员）的交互质量。

3. 农村公路服务过程质量非常重要

用户在接受农村公路服务的过程中，从进入公路到离开公路通常会花费一定的时间，这个过程中使用道路等服务设施、受其他用户影响、与服务人员接触等关键事件组成了整个服务过程。用户之所以使用公路、接受这种服务，就是要实现其自身或货物的空间位移，离开公路到达目的地意味着其服务需求得到满足、服务结果产生、服务结束。顾客评价受到在空间位移的过程中整个服务过程的质量高低影响，如果这个位移过程很糟糕，即便是到达了目的地，用户也会对公路服务做出较差的感知评价。反之，即便是道路条件很好、没有其他用户的影响，但是不能到达目的地，再好的服务过程质量也于事无补，导致服务失误。综上，农村公路服务过程质量非常重要。

4. 农村公路服务质量具有合规性

农村公路的公共产品属性决定了农村公路的供给部门在提供农村公路服务的过程中必须按照有关的制度、规范、标准进行。没有相应的公路技术标准、建设质量管理办法、养护管理制度的保障，用户不敢使用公路，更不用说给予比较好的评价了。通常情况下，用户对农村公路服务的需求首先是对其基本功能的需求，而功能的实现必须依靠有关的制度、规范进行保障，即农村公路服务的功能质量首先是符合一定的技术标准和制度规范的。当然，只是达到这个标准或规范的要求只是作为公共产品的基本要求，不会让顾客产生更好的感知，有些类似于激励因素中的"保健因素"。

5. 农村公路服务质量评价方法较复杂

近二三十年来，国内外学者研究提出的诸多服务质量评价模型与评价方法大都是基于商业服务背景，这些模型与方法能否适用于农村公路这种公共产品服务不能轻易下结论。因为农村公路服务的提供主体是公共部门，不像企业那样有着清晰而明确的基于实现顾客价值的"服务利润链"的服务逻辑、进行服务质量管理和服务质量评价的目标非常明确。这些公共部门在提供公共产品和服务时有着非常复杂的目标体系和组织体系（例如既要解决出行问题，又要改善民生、支援社会主义新农村建设等），其服务对象也不是特定的所在区域的城乡居民，只要有可能，全世界的全体居民都可能成为服务对象。所以，对农村公路服务质量的评价首先不能简单套用既有的用于企业的模型、方法，这是复杂性的一个表现。

此外，完全基于用户感知的服务质量评价模型的改造使用似乎不能完全反映出作为公共产品的服务功能本质，所以必须寻求并构建多元主体的评价模型与方法，以便较为真实地反映出该类服务的实际服务水平。这种要基于多元主体进行质量综合评价的要求是复杂性的另一个表现。

3.2.3　农村公路服务质量的影响因素分析

根据杨锴（2010）的研究，影响服务质量因素主要集中在顾客、员工、管理行为和服务组织四个方面。考虑到农村公路的公共产品属性以及服务过程中用户较少和服务人员接触的实际情况，本书认为农村公路服务质量的影响因素主要集中在人员、设施、环境、方法、组织五个方面。

1. 人员

农村公路服务最直接的参与者是有出行需求的用户，这种服务类似于自助式服务，用户在接受服务的过程中较少与服务人员直接发生接触，是农村公路服务质量最直接、决定性的因素。用户的文化素质、出行习惯、个人品德、安全意识等会直接影响其对农村公路服务的感知评价；另外，运输管理、养护作业等服务人员的职业道德、个人品质、责任心、业务熟练程度等因素也会直接对农村公路服务质量产生影响。所以，这类因素是最重要因素，加强服务质量管理的重点就是要重视用户和相关服务人员的影响。

2. 设施

无论哪一种服务都不能缺少必要的服务设施，农村公路服务也不例外。由公路部门提供的服务设施主要有用于基本出行的不同等级和里程的道路，与道路不可分割的桥梁、涵洞、隧道、边坡等；用于交通指示和行车安全的各类标志、标线、安全防护装置；用于便利辅助交通服务的休息区、候车厅、招呼站；用于绿化美化行车环境的植被、景观带等。农村公路服务特性的体现和服务过程的完成都和上述设施的完好情况及其保养维护密切相关。

3. 方法

采用什么样的服务方法在服务管理领域是有规律可循的。为了提高服务效率和服务质量，要求服务组织能灵活使用并不断创新服务方法。具体到农村公路服务来说，主要涉及提供相关服务设施的规划方法、建设方法、养护方法与管理方法等，在充分考虑用户需求的前提下将这些方法灵活运用，保证服务过程的优良，是十分重要的。因此，服务方法也是影响服务质量的一个重要因素。

4. 环境

由于农村公路是公共产品，具有非排他性和非竞争性，单个用户在"使用"农村公路服务时并不能阻止他人同时"使用"该项服务，这一点是和其他有偿服务的根本区别。所以这里的环境主要是指由所有用户构成的交通环境。农村公路是开放式公路，其产生的交通行为是典型的混合交通，不仅有机动车还有行人和非机动车，交通环境比较复杂。用户体验中至关重要的舒适性和便利性、安全性可能会因为这种复杂的交通环境而大受影响，因此，如何形成安全、有序、便利的交通环境是实现服务特性的必要条件，也是在农村公路服务过程中需要持续关注的因素。

5. 组织

作为公共服务的提供者，农村公路部门对农村公路服务的运营管理、人力资源管理以及对农村公路服务的价值导向等都会对农村公路服务质量产生重要影响。

　　前文已述及，农村公路服务管理的主要内容包括服务战略的制定以及农村公路服务运营管理。前者面对的是提供农村公路服务的价值导向问题：是以生产为导向，还是以用户为导向。如果以生产为导向，那么在规划发展农村公路时就会根据目前的人力、物力、财力以及整个农村公路工作的任务安排去修建，结果就是村村通了公路，但是"通而不畅、通返不通"和农村公路利用率低的现象经常出现；如果以用户为导向，充分考虑用户需求，有重点、有层次地推进农村公路建设，而不是一拥而上，那么将会更好地发挥农村公路应有的效用，赢得用户满意。在运营管理方面，帕拉苏莱曼等（Parasuraman et al., 1985）指出，良好的服务产品与流程设计能够提高顾客的感知质量。另外，农村公路服务能力的提供也是运营管理的结果，能力与需求的匹配对质量的影响至关重要；人力资源管理方面由于有关的服务人员是影响农村公路服务质量最关键的因素，给予一线养护管理人员经常、持续的培训与激励，可提高其应对各种与用户交互情况的能力。

3.3　农村公路服务质量构成要素分析

　　服务质量评价的基础工作之一就是分析和确认服务质量的构成要素，明确了服务质量的构成要素之后，才可以进一步探测、明晰评价指标，构建出农村公路服务质量评价体系。由于服务的无形性和易逝性、服务质量的难测性，不能采用测量有形产品的指标与方法，所以学者对服务质量的构成要素分析多以定性为主，较少进行定量分析。但是几乎所有的学者都认同服务质量是一种顾客的主观感受，是一种主观上的质量，促使服务感知质量的概念产生。

3.3.1　农村公路的服务接触与用户感知服务质量

　　最早提出服务感知质量的是芬兰学者格罗鲁斯（Gronroos），这个概念的提出将服务质量的形成进行了形象生动的描绘：用户在接受服务之前会在脑海当中形成一个关于服务水平（质量）的估计（期望），然后带着这个期望去接受服务，在服务过程中他会不断地拿期望和实际获得的服务进行比较，这个期望和实际的差距就形成了顾客对服务质量的评价。这个研究结论得到了广泛的认可，成为服务质量管理重要理论基础。

PZB 组合在 1985 年提出了著名的感知服务质量差距模型，通过 5 个方面的差距说明了服务质量 = 绩效感知 − 服务期望，后来的学者在研究过程中都比较赞同服务感知质量形成于服务过程之中，基于服务过程的研究，提出各种差距模型，用以揭示影响感知服务质量的根源。他们在研究过程中普遍意识到服务接触在顾客接受服务过程中的重要性，通过顾客和服务组织之间服务接触的观察分析，将有助于我们获悉感知服务质量的真实面貌。

最早提出"服务接触"概念和对其建立定义的当属蔡斯（Chase，1978，1981），他认为服务接触就是服务提供过程中的"关键时刻"，在这个时刻顾客必须在场；在这个概念基础上，贝特森（Bateson，1985）主张服务接触是由顾客、员工和组织共同作用构成的，服务组织通过组织文化和有形环境对员工和顾客的接触施加影响，员工受到组织文化和经营理念的影响，将其作用于顾客、顾客影响着服务结果，因此各方要相互配合才能实现利益的最大化，而不能由某一方单独控制；后来，还有很多学者分别从顾客、员工、服务环境及其他方面对服务接触进行了大量的研究，使得服务接触的研究视角不断深入。[1]

从现有文献中，可以发现用户对服务的体验和感知水平决定了服务质量高低，而服务体验主要来自用户在接受服务过程中的与服务组织和接触用户的服务者之间的服务接触，[2] 按照蔡斯（Chase，1981）的分类方法，农村公路服务属于典型的高接触性服务。因此，从服务传递的角度看，农村公路的主体设施和服务人员、行驶车辆、农村公路服务的对象（司机、乘客、行人等）构成了农村公路服务的三大要素。其中农村公路的服务对象（司机、乘客、行人）是农村公路的用户、农村公路服务的体验者和评价者，也是农村公路服务分析的基础。参照成熟的服务接触过程示意图，

---

① 刘焱. 国外服务接触文献综述 [J]. 湖南人文科技学院学报，2008（6）：32 – 35.

② James A Fitzsimmons, Mona J Fitzsimmons. Service Management: Operation, Strategy, Information Technology (7th Edition)[M]. The Mcgraw-Hill Companies, Inc. 2011.

我们可以绘出农村公路服务接触的过程示意图（见图 3 - 3）。

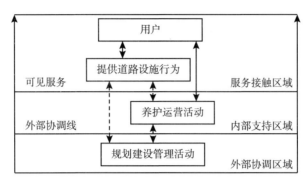

图 3 - 3　农村公路服务接触过程

在图 3 - 3 中，农村公路用户在使用公路等设施完成其位移需求的活动过程中，其与道路设施之间的交互构成了农村公路服务的服务接触区域，对于用户而言，在这一区域的行为都是可见而且可以评价的。而内部支持区域和外部协调区域内的活动行为都是以用户为中心，最大限度地为用户与道路设施之间的交互行为服务的。仔细分析服务接触过程中各种交互行为和交互关系将有助于我们迅速发现影响服务感知的农村公路服务质量的构成要素。

回顾国内外学者对感知服务质量构成要素的研究成果，有助于我们少走弯路，快捷地分析构成农村公路服务质量的各种要素。

3.3.2　农村公路服务质量构成要素识别方法

由于服务的无形性等特性，加之顾客参与的影响，对服务质量的要素的识别不是那么容易。格罗鲁斯（Gronroos，1982）提出的用来衡量顾客服务经历和服务结果与期望吻合程度的方法"感知服务质量评价方法和差异结构说"，成为后续学者进行服务质量评价的重要理论基础。因此，本书综合采用格罗鲁斯和 PZB 组合基于服务质量差距对服务质量维度研究的思路，重点关注服务接触在农村公路服务过程中的作用，通过对用户在农村公路服务的过程中的实际接触和需求分析，探寻农村公路服务质量的构成因素。

在已有研究成果中，主要用于描述服务接触和服务过程中顾客与组织之间关系的方法有服务蓝图（service blueprinting）、关键事件技术（critical incidents technique）、关键路径分析法（critical path method）等。

1. 服务蓝图（service bluprint，SB）[①]

20世纪80年代，美国学者肖斯塔克（G. Lynn Shostack）等人综合运用工业设计、决策学、后勤学和计算机图形学等学科的有关技术，开创了用于服务设计的服务蓝图法。

服务蓝图的设计理念来自系统分析方法和工程设计。服务系统不仅仅是一个"传递"服务的系统，它还表现为一种相对稳定的"结构"。在服务系统中包括有服务组织的组织结构、人力资源结构、财务资金结构、服务设施环境结构、管理信息系统结构等。这些结构的存在与优化目的是为顾客服务，顾客如果不接受服务组织提供的服务，相应的各种结构就没有存在的必要。所以，服务蓝图在开创时就要把提供服务的作业流程和服务组织的各种结构有机结合起来，要体现顾客的参与，体现顾客是出现在传递过程中的哪个位置，和哪个结构发生了联系。

服务蓝图（如图3-4所示）主要是将顾客活动和服务传递有机结合起来的方式设计出可以同时表现服务传递和顾客参与的示意图。在服务蓝图中，包括了顾客活动、前台服务人员活动、后台服务人员活动和支持活动过程。其中，顾客活动是指顾客购买或进入、消费或接受、服务结束后对服务的评价，以及整个过程中的顺序、决策、行为和互动。

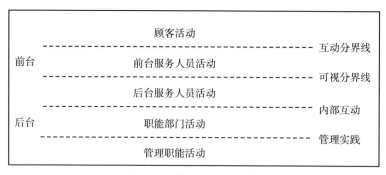

图3-4　服务蓝图的结构

---

① G. Lynn Shostack. Understanding Service through Blueprinting［R］//Advances in Service Marketing and Management. JAI Press，Greenwich，CT，1992.

与顾客活动同时发生的有前台服务人员的活动，其中顾客可以看到或接触到的活动是前台服务人员活动，这些活动和顾客活动构成了他们之间的交互关系；发生在幕后，顾客无法看见或接触到的，以支持前台服务人员为目的的活动称为后台服务人员活动。支持活动过程是指服务组织内其他成员或部门为支持整个服务活动过程而进行的一切活动，覆盖了整个传递服务过程中所发生的用于支持接触服务人员的各种内部服务、方法及行为。服务蓝图的最上面是服务的有形展示。服务蓝图展示了不同人员在服务传递的过程中的相互作用，用来表明每个参与组织的人员对服务传递的理解、服务结果的交付以及相互之间关系的重要程度。

服务蓝图的结构是从上而下解读的，体现了服务传递系统的结构与组成。即可视的服务设施与服务人员与顾客接触、不可视的支持性服务管理活动。由图 3 - 4 可以发现，管理职能活动在最底端，体现了服务人员在组织中的重要性。

2. 关键事件技术（critical incidents technique，CIT）

顾客往往无法感知全部服务接触并对其做出评价。由于服务具有过程性和体验性，顾客会或多或少地基于个体特征或关键事件来评价推断整个服务，其中关键事件就是那些顾客觉得特别满意或不满意的具体服务情境。关键事件技术作为一种用于识别在不同工作环境下工作绩效的关键性影响因素的技术分析方法，最早由福莱诺格（Flanagan，1954）提出，该学者认为通过该技术可以从行为的角度系统地观察和描述实际职务的绩效和行为。该方法主要基于服务公平理论、绩效管理理论和用户满意理论，该方法自产生以来，已经被广泛应用到多个制造业和服务业领域。

比特纳等（Bitner et al.，1990，1994）采用关键事件技术调查了酒店住宿业、餐饮服务业、航空服务业、旅游服务业的服务接触事件，研究认为关键事件技术本质上是一种定性的分类访问程序，主要通过结构化开放式的问题要求顾客提供他们满意或者不满意的记录，这种访问可以在不破坏受访者对事件真实表述的同时对顾客的实际感知做出准确记录。该项研究得出了导致顾客不满意的因素主要有三类：服务传递系统失误造成的顾客不满意、无法响应需求造成顾客不满意和员工个人行为所造成顾客不满意。

德莱佛和约翰斯顿（Driver & Johnston，2001）进一步通过关键事件分析法，将服务质量要素分类为硬性质量和软性质量共 18 个维度。包括用于反映服务本身属性的美观性、接近性等 11 个硬性维度，和反映服务员工与顾客之间交互关系的友好性、礼貌性、关心性、敬业性、沟通性等 7 个软性维度。

使用关键事件技术时，服务组织需找出具有普遍性的重要服务质量因素。主要通过下列类型的问题来鉴别顾客是否满意。

（1）你是否记得曾经与某某组织的服务人员有满意或不满意的接触？

（2）这种接触是什么发生的？

（3）当时的具体情况是怎样的？

（4）服务人员当时都采取了什么行为？

（5）在接受该项服务的过程中具体什么事件让你觉得这次服务是满意的（不满意的）？

通过上述问题，服务组织就可以收集到在服务接触中顾客所感知到的关键事件。然后对这些事件进行归类、分析，确定哪些质量要素对顾客感知服务质量具有重要影响，这些要素就是服务质量的关键构成要素。

3. 关键路径分析法（critical path method，CPM）

产生于 1956 年的关键路径分析法原本是为了解决工程项目中费用和工期之间关系，在缩短工期的情况下尽可能减少费用。后来就发展为基于数字计算的工程项目网络优化技术，不仅可以通过寻找项目进度中的关键节点，用逻辑关系找出这些节点之间的规律和特征，计算有所有必须节点组成的最小费用和最少工期等。由于服务是一个由多方参与的具有工期和费用的项目，必须有顾客参与的节点就是整个服务项目的关键节点，而不需要顾客参与的就可以作为非关键节点，为了提高效率和质量，同样可以利用 CPM 寻找发现必须要存在的关键节点，尽可能减少非关键节点的数量，在每个节点上也体现了服务时间和服务费用，较短的时间占用和较低的费用开支都是顾客所喜欢的，同时也有利于服务生产率的提高。在这些优化后的关键节点上，顾客的参与以及服务接触是最为关键的质量影响因素，仔细审查这些节点上的顾客与服务组织的交互行为，然后归类汇总分析，就可以得出影响服务质量的主要因素。

但是，这种方法的基本原理是最少时间和最少费用之间的平衡点，理论上来说任何一项服务都可以找到二者之间平衡点，但这时的顾客满意度是不是最高就不能轻易下结论，因为不同的顾客对时间和费用的敏感度是不同的。对那些时间要求比较高的服务，这种方法就比较实用；对那些费用要求比较高的服务，这种方法可能就不是太有效。因此，CPM 往往作为一种辅助的、多用于组织自己的，在不降低或是努力提高顾客感知的前提下，以提高服务生产效率为目的的一种辅助分析服务质量影响因素的工具。

其他较常用的分析法还有 PZB 的 SERVQUAL 量表、GAP 模型等，改进后的质量差距模型共有 22 个题项，基本可以适用于所有行业。但是考虑到农村公路服务是一个基于公共产品提供的以交通出行为主要服务内容的公共服务，顾客都是有交通出行需求的用户，且主要以农村居民为主；SERVQUAL 量表涉及顾客对服务的期望得分，但人们对公共产品的期望值很难界定，或者即便界定得分也比较低，为了方便调查，快速让被访者回答出他（她）认为的服务质量要素，在本书中采用关键事件技术法调查分析农村公路服务质量的构成要素。

虽然在现有文献中还没有发现将关键事件技术法应用到公路服务质量研究领域，更不用说农村公路服务质量要素分析。但是，将该方法应用到农村公路服务用户需求和用户行为研究方面，找到影响服务质量的主要因素，为改进服务质量提供决策依据，更好地满足用户需求，不仅是可行的，而且是有效的，有以下两个原因。

（1）农村公路服务的目的主要是提高公路利用效率和用户满意度，从本质上来讲是一种服务活动，体现了社会主义新农村建设、新型城镇化建设和缩小城乡公共基本公共服务均等化的需求，反映了用户使用农村公路的全部过程。关键事件技术所需的事件都可以在用户使用农村公路的过程中产生的需求和行为中找到和发现。这种方法可以从用户需求和用户行为中寻找用于支持改善服务质量决策的相关信息，这是因为公路服务就是基本公共服务的典型表现。因而，用关键事件技术了解、发现基本公共服务的内在特性是具有理论依据的，进而为农村公路服务工作提供有效的决策支持。

（2）在农村公路服务构成要素研究中，运用关键事件技术对农村公路用户在不同情况下的感知和感受进行综合分析，可以寻找和发掘用户满意或不满意的缘由，进而全面、客观地测量用户对农村公路服务的感知水平，并提供用于改进服务质量的信息、建议。

3.3.3 农村公路服务质量构成要素分析

利用课题组赴 S 省调研的机会，笔者进行了农村公路服务关键事件调查分析，通过对 100 名农村公路用户使用公路的情况的调查，试图了解用户在使用农村公路的过程中所表现出的情感、行为、满意程度等，目的是发现具体的公路使用需求，从而找到用于控制和改善农村公路服务质量的关键要素。

第一步，确定农村公路用户对农村公路所提供服务的具体需求，找到满足这些需求的服务质量要素为核心的研究调查目标。

第二步，制订了一个详细周密的调查分析计划和操作规范。特别是对关键事件的调查和关键行为的记录，培训了 5 名调查人员，为他们制定详细的任务指导书，并进一步从调查活动所必需的目标、情境、程度和维度四个方面设计了调查规范，用于保证调查质量。表 3 - 6 为本次调查活动的调查计划和规范的建立情况。

表 3 - 6 **调查计划与规范的建立**

	活动	用户使用农村公路的情况
	活动目标	完成旅客、货物的空间位移
		主体：100 位用户
	情境	地点：S 省 5 个地级市
		内容：利用农村公路完成位移活动
程度	关键事件	最近使用农村公路的行为
	关键的交互作用	任何与服务设施或服务人员接触的行为
	维度	与位移活动有关的利用农村公路的认知和情感反应

第三步，为了保证数据的代表性，调查选取了 S 省从南到北的 5 个地市，每个地市走访 2 个县乡，分别调查了 10 位农村公路用户，通过访谈的方式收集数据。表 3 - 7 给出了本次调查所使用的数据收集方法。

表 3 - 7　　　　　　　　　　　　**数据收集方法**

调查对象	100 位经常使用农村公路的用户，包括司机、乘客、公路沿线居民
数据收集活动	半结构化访谈
访谈 （部分问项）	你是否经常使用农村公路，为什么？
	如何使用？
	在使用农村公路时你的整体感觉是方便还是不方便，为什么？
	在使用农村公路时你的整体感觉是舒服还是不舒服，为什么？
	农村公路部门怎么加强服务与管理会让你感到更满意，为什么？
	你对最近一次使用农村公路是否感到满意，为什么？
	总体来说，你对农村公路上的工作人员感到是否满意，为什么？

第四步，对收集回来的问卷进行数据分析。其目的是总结和描述用户对农村公路服务过程按照其需求关注的主要维度。分析过程主要包括筛选关键事件、识别和命名关键行为、归类汇总到相应类目。

第五步，对数据分析的解释和说明工作。通过调查研究，我们发现农村公路用户在使用农村公路的过程中会按照自己从产生使用公路想法、进入农村公路开始，一直到他到达目的地、离开公路为止的活动顺序去描述自身对活动的理解、对服务的感受以及有哪些需求。这些答案对归纳汇总服务质量构成要素奠定了基础。

表 3 - 8 为对数据归类分析后反映出来的用户对农村公路的需求情况。

表 3 - 8　　　　　　　**用户对农村公路服务的关键接触事件**

	关键事件	需求属性	农村公路提供的服务
用户对农村 公路服务的需求	进入农村公路	方便	道路指引 便利的客货运场站 道路建设
		快速	
		通达	
	行驶	安全	安全设施、道路巡查 道路质量 交通秩序 养护管理
		快速	
		畅通	
		经济	

关键事件	需求属性	农村公路提供的服务
	准确	
咨询、信息查询	快速	标识、标志 信息查询系统 服务电话
	及时	
	可靠	
	及时	
紧急救助	准确	标识、标志 信息查询系统 服务电话 附属设施
	可靠	
	快速	
	方便	
途中休息	舒适	休息区的有关服务
	安全	
	方便	
离开农村公路	快速	道路指引 便利的客货运场站 道路建设
	通达	

（第一列跨行：用户对农村公路服务的需求）

研究发现，用户在使用农村公路服务的过程中主要有六种关键事件：进入农村公路、行驶、咨询和信息查询、紧急救助、途中休息及离开农村公路。通过进一步对需求属性的归纳整理，我们发现用户对农村公路服务需求集中在功能性、经济性、安全性、可靠性、舒适性以及文明性六个维度。我们可以认为这六个维度就是农村公路服务质量的构成要素，农村公路服务部门今后要不断加强和改善服务的核心工作就要围绕这六个维度进行，同时，质量维度的确认将有助于服务质量评价指标的设计工作。这六个维度的内容如下。

（1）功能性。农村公路部门提供的以农村公路为有形设施的全部服务组合必须具有公路应该具备的效能与作用，在现有财力物力情况下修建的各等级农村公路应该满足影响区域内交通运输的基本需求，并适当留有余地。这些功能的实现主要靠公路本身及其相关附属设施的数量和质量。

（2）经济性。虽然农村公路一般等级较低，路况不是特别好，受路线、地势的影响，机动车和非机动车在公路上行驶时往往比较费力或达不到经济时速的标准，但是合理的建设标准和及时的路面养护能帮助用户节省相应的费用支出。

（3）安全性。农村公路是开放式公路，混合交通是其典型特征。机动车、非机动车、行人共同构成了交通流，驾驶和行走的危险性是比较高的，如何使驾驶员和行人在安全标志、标线的引导下确保人身和财产安全是农村公路服务的重要质量表现。

（4）可靠性。农村公路的修建、养护是需要经历一段时间才能完成的，可能会影响部分用户的出行需求。因此，及时、准时地完成相应服务工作，是反映农村公路部门履行服务承诺能力的表现。

（5）舒适性。舒适性维度是指农村公路在满足功能性、经济性、安全性、可靠性的基础上用以满足或提升用户对交通运输过程舒适性要求及舒适性感受的程度。主要有数量完备、清晰易懂的各类标志指示；路面平整无塌陷、坑洞、裂缝等；非常容易找到的加油站、休息区、服务站等服务设施。

（6）文明性。这个特性主要是指用户行驶（走）在农村公路上时精神上的满足程度，通常情况下是和所经过区域村庄、居民的行为活动、道路作业养护人员的巩固工作情况，以及道路沿线的风景、绿化美化密切相关。

3.4　农村公路服务质量形成机理

3.4.1　现有服务质量形成机理理论比较

1. 格罗鲁斯的服务质量形成机理

格罗鲁斯（1984）的研究认为顾客感知服务质量由技术质量和功能质量组成。格罗鲁斯认为与技术质量不同，功能质量是很难用客观标准来衡量的，而且在大多数情况下，顾客是可以看到服务组织及其所有的服务生产过程；所以企业形象对大多数企业和顾客来说都是至关重要的，它会从正向和方向两个方面对感知服务质量产生影响。图 3 - 5 是格罗鲁斯的顾客总体感知服务质量模型。

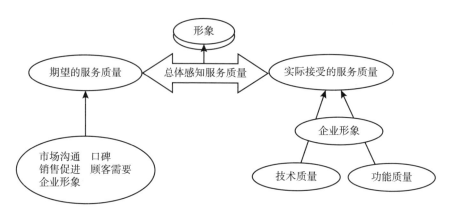

图 3 - 5   格罗鲁斯的总体感知服务质量模型

该模型表明：服务质量是一个非常复杂的顾客对服务的主观感知判断结果。当顾客实际接受的服务质量和在接受服务前的期望相一致时，可以用顾客的期望服务质量表示服务质量，这时对顾客来说，服务质量是好的。但是，如果顾客对服务质量的期望较高，即使是服务组织提供的实际服务质量从客观角度已经非常好了，在顾客那里可能仍然会觉得质量是低下的。实际上，顾客的期望质量受到很多因素的影响，有些是组织可以控制的，有些是无法控制的。可以控制的有组织的宣传、计划、广告以及可以了解企业情况的途径；不可以控制的则是长期以来在顾客中和社会上形成的口碑、企业形象等。

顾客总体感知服务质量模型解释的服务质量形成机理为：组织通过提供符合一定标准的服务，也就是顾客从服务过程中得到的东西，用技术质量来衡量，顾客很容易通过参照依据或者直观的感觉和触觉来做出判断。但是，技术质量只是服务质量的必要条件，符合一定的标准是理所当然的，顾客不会轻易给出好评；同时，在接受服务的过程中，顾客会和服务人员发生交互，这种接触会直接对顾客的体验和感知产生影响，因为大部分情况下顾客从服务过程中获得不仅仅是"服务"本身，还有这个获得的"过程"，这个过程就是服务的功能，被称为过程质量或功能质量。相比于技术质量，功能质量难以被顾客直接感知并做出客观的评价结论。这时，企业形象就会充当其技术质量和功能质量的"代言人"，顾客会根据企业形象去判断技术质量和功能质量。同时需要注意的是，顾客需要对顾客的期望也会产生影响。这时，感知服务质量就决定于实际获得的服务质量和期望的服务质量之间的差距，如果组织对顾客提供虚假的服务承诺，导致顾客的期望值升高，那么这种差距就会加大，从而降低感知服务质量。

2. PZB 的服务质量形成机理

20 世纪 80 年代以后，对顾客是如何感知服务质量的研究成为服务管理领域中的主导，有很多学者基于格罗鲁斯的服务质量说对此进行了大量的探索。1980 年英国航空公司开展的一项航空服务质量研究发现，对服务质量影响最大的因素是：关怀与理解、主动性、解决问题的能力以及服务补救能力，其中主动性和服务补救能力是英国航空公司的重大发现。四种要素共同构成了航空服务顾客感知服务质量关键因素。1985 年，PZB 组合在该研究的基础上，对格罗鲁斯的研究进行了深入，提出了著名的 GAP 模型（Gap Analysis Model），用顾客的实际服务感知和服务期望之间的差距来度量顾客感知的服务质量，模型见图 3 - 6。

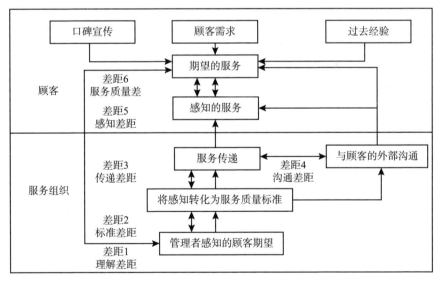

图 3 - 6　顾客感知服务质量差距模型

资料来源：Adapted from the original 5 - gaps model developed by PZB（1985），A Further Gap（gap5）was added by Christopher Lovelock（1994）.

这个衡量方法是典型的基于质量特性的分析方法，之所以受广泛的关注和应用，主要是其可以通过事先设定好一系列的服务质量指标，然后将其制作成调查问卷，由顾客在接受完服务组织提供的服务之后，根据组织的实际服务表现对每一项指标进行打分，从而得出该组织整体服务质量高低以及在具体内容和维度上的得分情况。而前文提到的 CIT 则属于定性的度量方法。

顾客感知服务质量差距模型的质量形成机理如下。

服务质量是顾客期望感知服务之间的差距，差距表现为顾客在接受服务的过程中产生的 4 项差距和顾客期望和感知服务之间的第 5 项差距，洛夫洛克（Lovelock）对该模型进行了进一步的完善，将服务组织对顾客期望的理解差距补充到服务过程中产生的差距里，服务质量差距共有 6 项。第 6 项取决于前向与服务传递过程相关的差距的大小和方向，组织应该努力消除差距 1 至差距 5，从而缩小差距 6，不断提高服务质量。

差距 1：理解差距，是指顾客实际期望与服务组织的管理者对顾客期望的理解之间的差距。

差距 2：标准差距，是指由于差距 1 的存在，服务组织制定的标准往往不能较为准确地反映顾客的实际服务需求。

差距 3：传递差距，是指服务组织在将这些标准实现过程中的表现和标准的要求之间的差距。

差距 4：沟通差距，是指服务组织内部沟通差距和对顾客过度承诺差距。

差距 5：感知差距，此项差距是由前 4 项差距累积而得。

差距 6：服务质量差距，是指服务期望与服务感知之间的差距。

其中，差距 1、差距 5、差距 6 代表了顾客与服务组织之间的外部差距，差距 2 至差距 4 代表了在服务组织内部的部门之间、职能之间的各种差距。

根据模型显示的内容，顾客对服务质量的期望是口碑积累、与其他顾客沟通、个人需要以及过去接受服务经验等几个方面共同作用的结果，同时还受到由服务组织发出的服务承诺和其他宣传等因素的影响。顾客在服务过程中实际感知到的服务就是顾客对服务的亲身体验，这种体验是由服务组织在顾客尚未进入和进入时所做的一系列活动决策的相应结果。组织的管理者根据调查分析或经验教训对顾客预期服务的期望进行感知，并制定相应的服务标准；服务人员在必要的服务设施支持下按照预先设计和制定好的服务流程、规范与标准将服务传递给顾客；顾客在服务传递的过程中和结束后根据自身的实际体验来感知该项服务的服务质量。这整个过程中，服务组织对外的营销沟通会对顾客预期期望和实际感知产生影响。

顾客在接受服务的过程中，会将感受到的和自己预先期望的质量进行比较，比较的时候往往会受到企业形象的影响，最终形成对服务质量的整体评价，这就是 PZB 模型解释的顾客感知服务质量形成机理。

在 1993 年和 1994 年，PZB 对模型进行了进一步修正，把顾客期望分解为理想的服务和适当的服务，并提出了容忍区域的概念；改进模型认为顾客的期望有些是组织可以控制的，有些是不可以控制的。所以，对服务组织来说，要找到组织可控的质量要素加以影响，同时尽可能影响那些不可控的因素，进而影响顾客的服务期望，以期得到较好的服务质量感知。

3. Brogowicz，Delene & Lyth 的服务质量形成机理

布罗格威兹、德莱纳和莱斯（Brogowicz，Delene & Lyth，1990）综合考虑了格罗鲁斯、PZB 等著名学者的研究成果，提出了顾客感知服务质量综合模型（Synthesized Model of Perceived Service Quality），用于解释服务质量的全部形成过程（见图 3 - 7）。

与前面两个模型不同的是，顾客感知服务质量差距由技术质量差距和功能质量差距组成。顾客在接受组织提供的服务过程中存在技术服务组合经历和功能服务组合经历两方面，服务组织的营销人员和前台的服务人员在营销活动和服务接触的过程中可以详细观察两种经历对顾客感知服务质量形成的作用机理。服务组织提供的人力和有形资源会通过技术服务和功能服务影响两种差距；顾客受企业形象和有关营销活动的影响而对服务产生功能服务质量期望和技术服务质量期望，两类期望和实际提供的服务进行比较形成了总的感知服务质量，从而使得技术质量和功能质量都能够在服务管理中得到重视。

该机理模型认为，服务组织在重视过程质量的同时，必须对技术质量（服务结果）给予足够的重视。在 GAP 模型中，顾客感知服务质量主要取决于顾客期望与绩效之间的比较，虽然组织可以通过努力对一些顾客期望的影响因素施加影响，但是大部分的因素是不可控制的，所以顾客对服务质量的感知还是以其主观判断为主。全面地反映服务质量的决定因素是这个模型最大的特点。

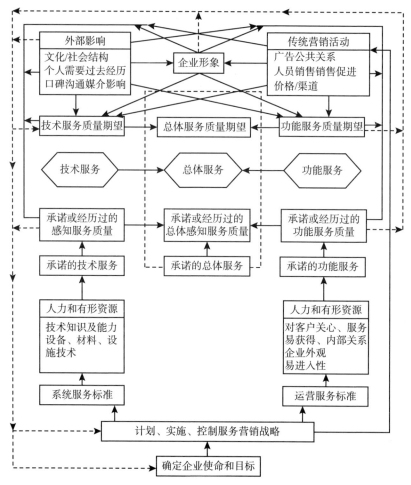

图 3-7　顾客感知服务质量综合模型

　　另外模型中将服务标准具象为系统服务标准和运营服务标准，并且进一步将组织的使命也纳入模型之中，目的是证明组织使命和服务理念对服务质量和服务传递会起到巨大的影响。

　　4. 比较评价

　　上述三种经典的服务质量模型体现了不同的学者对服务质量管理的不同理解。所以，三个模型反映的服务质量的形成机理从理论阐释、动态修正、评价优势等方面都凸显出其对顾客感知和顾客期望关系的不同理解，各有其适用条件和适用范围，既有独到之处，也有无法避免的缺陷。只有根据不同情境，选择适当的模型，才能解释服务质量的形成过程，才能指导服务质量评价。

3.4.2　基于"用户－农村公路部门"的农村公路服务质量形成机理

现代服务质量观认为服务组织要从提供者导向向顾客导向和利益相关者导向转变来观察、分析服务质量，从而更好地提供满足顾客需要的服务。[①] 雷江升（2007）也认为从提供者导向的服务质量是指服务属性对组织规定的符合程度，而顾客导向的服务质量是指服务达到或超过其期望的程度。

程龙生（2001）认为分析服务质量时应该从顾客感知的角度和组织支撑的角度同时进行，因为顾客感知的服务质量是基于顾客的实际需求和自身对服务的要求主观对服务质量做出的评价；而组织支撑的服务质量则可以反映在现有的人员、材料、设备、技术、资金等条件约束下，组织可以提供的最大服务质量水平，是一种受客观现实影响的服务质量。一项服务的服务质量应该是两种服务质量之和。

这种方法是同时从顾客感知的角度和组织支持的全部要素两个角度出发来分析服务质量的形成过程。顾客感知的服务质量模型最大的局限在于忽视了那些顾客无法感知的，但却又对服务质量具有支持作用的组织内部的保证体系因素。综合考察两个方面对服务质量的作用机理，更加有助于组织把握服务质量全面的形成机理，更加容易找到影响组织服务质量的关键。在已有的顾客感知模型中，顾客只能对他参与的、可接触的服务活动及服务人员的行为做出主观评价，而决定着顾客能够感知的部分后台的用于支撑前台服务的内部服务质量却无从感知，所以对组织支持的服务质量进行考察评价是非常必要的。

对于顾客感知部分的评价主要可以采用成熟的服务质量差距模型进行，对于组织支持的服务质量就主要从组织拥有的服务能力进行。现有的研究认为，对服务能力的研究可以从"人、机、料、法、环"（5M1E）

---

① Valarie A. Zeithaml, Mary Jo Bitner, Dwayne D. Gremler. Services Marketing: Integrating Customer Focus Across the Firm (5th Edition) [M]. The McGraw-Hill Companies, Inc. 2009.

分析进行。① 其中，"人"是指人员机构和人力资源情况，这个因素直接影响技术质量和过程质量；"机"是指机器设备，是影响技术质量的重要因素，进而会影响过程质量和总体服务质量；"料"是指可以直接被顾客接触或感受到的服务所用的材料，较好的材料质量会正向促进顾客对服务质量的评价；"法"是指服务的方法，也是服务组织在设计服务传递系统时就决定下的，主要表现为服务规范和规章制度等，会通过影响前台服务人员和后台支持人员，尤其是可能会影响这些人员的工作意愿和态度，进而影响过程质量；"环"是指服务环境，是提供服务过程中由组织规划并提供的会直接影响顾客期望的有形物质环境或精神上的氛围，良好服务环境同样也会正向影响感知服务质量。

将两者有机结合起来考察，并适当赋予权重，就可以得出某项服务的总体服务质量。

程龙生的服务质量形成机理理论对分析和评价农村公路服务质量有着极强的借鉴意义，原因如下。

（1）农村公路服务的服务质量首先是基于用户感知的服务质量，前文的农村公路服务质量内涵及构成要素也说明了这一点。因此，经典的用户感知服务质量模型及成熟的评价方法就可以拿来进行描述和评价。

（2）农村公路服务是一种对纯公共产品进行消费的服务，用户由于无须付费或仅需支付极少的费用就可以长期使用该项服务，用户对"免费"服务的质量期望当然不能和有偿的服务相比，后者因为花费了代价，就会希望服务会好一些，而且付费服务是通常是一个竞争市场，服务组织往往会处于竞争的考虑，通过对外宣传的方式承诺其有水平较高、独具特色的服务，影响用户对该盈利性服务组织所提供服务的期望。对于较低的服务期望很大程度上来源于公共产品是面向最大范围的各种服务对象的，按照普适性的原理，能让大多数人接受的服务就不是水平最高的了。

（3）农村公路部门处于这种公共服务的供方，本身不具有生产的功能。其主要是通过以政府的名义为农村公路设施的建设、养护等活动进行设计、投资、管理等工作，至于建设、养护等工作的实际执行则通过以公共财政投入、招投标和承包的方式交由第三方的专业企业从事，作为主管

---

① 桑德霍姆. 全面质量管理［M］. 北京：中国经济出版社，2003.

部门则是事务处理型公共部门，主要是通过行政、法律和经济手段对农村公路实行较为宏观的管理。可以看出，在提供农村公路服务的整个过程中，农村公路部门起着至关重要的决定性和支持性作用，其提供的公路服务质量很大程度上就是由其管理、调配的有关资源影响的。从这一点来说，完全有必要从服务组织角度衡量内部的服务质量。

（4）现有的文献在研究公共产品或物品的绩效评价方面，有不少提出要同时从政府和用户两个角度来对公共产品的经济绩效、社会绩效做出评价。农村公共产品方面，王俊霞、鄢哲明（2012）通过对公共管理领域内关于从用户主观衡量入手还是站在第三方客观评价的角度对公共绩效评价的争论性研究的回顾分析，得出在目前国情和既有的评价技术双重条件下，使用主观评价或是客观评价都不能反映一项公共服务绩效的真实表现；而且我国农村公共服务的均等化供给方式以及供给有效的目标都没有把农户的意见排除在外，所以她主张应同时将评价机构和农户纳入评价方法体系中，这样将有利于进一步完善绩效评价的内容，同时也有利于引导绩效评价目标并服务于各方利益。因此，王俊霞提出了基于"政府－农户"双元绩效评价的概念和基本方法体系。

农村公路这种公共产品在大规模的建设发展中，由于资金匮乏，地方配套资金难以到位等原因，同时存在农村公路的政府供给和协同供给，前者由各级政府财政投入保障县道、乡道等等级较高、投资额较大的农村公路的修建，这时表现为政府完全修建完毕后交付农民使用；而等级较低的农村公路经常由村民出资修建、以工代赈、项目融资、招商引资等方式完成，[①] 形成了后者描述的协同供给，表现为政府和农户共同修建提供了这种公共产品。在两种供给机制下，农户不论作为该项公共服务的受益者还是供给者，都应有权对农村公路的服务绩效做出评价。

综上，无论是基于组织支撑与顾客感知二者之间的逻辑关系，还是基于政府供给与协同供给的综合作用，农村公路服务质量的形成机理和进一步的评价体系建设都应从公共部门（政府的代表——农村公路部门）和用户（主要是农户）两个维度进行。

由本书 3.3.3 节的研究结论，农村公路服务的用户感知质量构成要素

---

① 王旭. 基于公共物品视角下我国农村公路的供给研究 [D]. 重庆：重庆大学，2012.

主要有功能性、安全性、经济性、可靠性、舒适性和文明性。因此，用户维度的服务感知质量围绕这六类要素开展；农村公路服务的公共部门维度服务支持质量则不能完全以 5M1E 方法进行，因为公共部门在提供和支持服务的过程中主要投入的是组织结构、管理氛围、服务人员、公路及其附属设施维护、对全部建养运管的内部管理、有关业务流程规范、必要的物质条件、交通信息等，这些投入不仅是为用户的基本出行服务，更多的是为改善民生、服务农村和区域经济发展的社会经济绩效服务的。抛开现象看本质，正是用户对公共部门提供的公路服务满意，服务质量评价较好，才会高效率利用农村公路，进而达到活动范围扩大、生活水平提高、经济和社会环境全面发展的目的。

基于上述的机理分析，可以绘出基于双重角度的服务质量机理模型，见图 3 - 8。

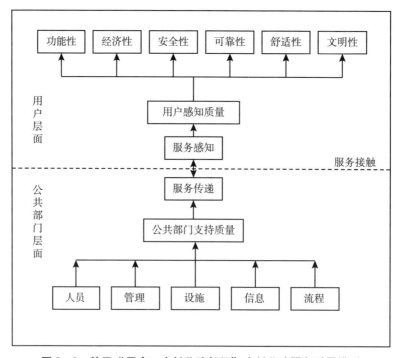

图 3 - 8　基于"用户 - 农村公路部门"农村公路服务质量模型

在图 3 - 8 中，从公共部门层面的服务支持角度出发衡量服务质量主要考虑供给方是如何给用户提供服务的、是如何影响到用户实际感知的服务质量的。考虑到农村公路部门的实际构成和运作情况，结合前文已经研究得出的影响农村公路服务质量的因素构成，笔者认为可以从人员、管理、设施、信息及流程五个维度去衡量其内部的支持质量。

3.5　本章小结

本章根据前面建立的"服务质量概念确定—服务质量形成机理—服务质量维度分析—服务质量测量评价"的研究逻辑框架，深入分析了农村公路服务质量的产生基础和理论定位，深入分析了农村公路服务质量的内涵及构成要素，探索了农村公路服务质量的形成机理。主要的研究工作如下。

（1）通过对服务理论及公共服务理论的回顾分析，从服务和公共产品两个维度深入分析了农村公路服务作为一种公共服务的内在本质，并给出了本书界定的农村公路服务的内涵。

（2）根据服务质量相关基础理论，分析总结了农村公路服务作为一种以用户感知为主，同时又具有公共服务属性的特殊服务，其服务质量同样具有一般服务质量的主要特性；并分析了影响农村公路服务质量的五类因素：人员、设施、方法、组织、环境。

（3）通过对农村公路服务接触和感知服务质量的理论分析，运用关键事件技术（CIT）找到用户关注的六类服务质量构成要素：功能性、经济性、安全性、可靠性、舒适性和文明性。

（4）通过对现有成熟的感知服务质量机理模型的述评，综合考虑农村公路服务在提供和接受两个维度用户和公共部门的作用及相互对感知服务质量的影响，借鉴"政府–农户"二元结构公共服务绩效评价的机理构建了基于"用户–农村公路部门"的农村公路服务感知质量形成机理模型，为下一章构建科学合理的评价指标体系奠定基础。

第4章 农村公路服务质量
评价指标体系设计

本书是在农村公路服务质量评价的概念模型——基于用户感知质量及农村公路部门支持质量的服务质量形成机理及评价模型的基础上，结合农村公路服务质量的特性，研究基于此概念模型的评价指标体系，目的是为农村公路服务质量评价指标的构建提供通用的思路与方法。

4.1 评价指标的构建原则

对农村公路服务质量评价必须选择一定数量的评价指标，每个指标都应当从不同的维度去衡量待评价的服务质量的某个特性。评价指标的设计与选择直接影响服务质量评价结果的可靠性和相应得分。为了确保农村公路服务质量评价结果的科学性、客观性、公正性、准确性，必须在设计和建立农村公路服务质量评价指标体系前确定工作原则。

1. 普适性与全面性原则

农村公路服务质量评价指标应该能够在总体上反映遍布我国 32 个省（自治区、直辖市）约 446.6 万千米的农村公路的服务质量情况，能够反映出农村公路部门提供服务的全部表现，同时根据评价指标设计的调查问卷或调查表应尽可能反映不同地区、不同特征用户对农村公路服务的需求情况和质量感知结果。

2. 独立性与层次性原则

独立性是指每一个评价指标既要能够反映整个服务系统的总体特征，

又不会和其他任何一个指标发生概念上或评价内容上的交叉或重复。各层次评价指标间包容关系清楚，指标名称及内涵直观简洁；同一个层次上指标之间也要相互独立。最终形成的服务质量评价指标体系必须是一个层次分明、逻辑严密、能胜任评价工作需要的指标集合。

3. 目标性与可行性原则

评价指标的设计和选取根本上要满足农村公路服务质量评价的目标要求，评价不是为各地、各级农村公路部门创先争优、排名次服务的，而是具有非常现实和明确的评价目标，目标就是引导和激励农村公路部门在巩固农村公路建设成果、促进社会主义新农村建设方面取得进一步的发展，使农村公路保持良好的技术状态，不断提高服务水平。所以评价指标的设计要与农村公路服务质量评价的目标保持一致，对农村公路部门的服务改进起到促进作用。

评价指标在满足目标需要的同时，还要考虑指标数据或内容的易懂性、可获得性，指标的测量和计算要简单易行，要能通过现有的技术手段和被调查对象的配合比较容易地获得所需数据。

4. 适度性与动态性原则

适度性的意思是，评价指标的设计是为评价工作服务的，指标体系除了要涵盖评价的方方面面之外，要尽可能的简化，保留必要的指标即可，评价范围既不要太宽、也不要太窄，否则容易使评价工作陷入完成任务的泥潭。不仅保证评价数据回收方面"量"的完成，还要保证"质"的要求。

列宁认为，自然界在人的思想中的反映，应当了解为不是"僵死的"，不是"抽象"的，不是没运动的，不是没有矛盾，而是处在运动的永恒过程中，处于矛盾的产生和解决的永恒过程中的。[①] 这就是动态性的体现，具体到评价工作中动态性是指在评价过程中，可以根据实际情况将评价指标进行必要的取舍或者调整，以适应当地农村公路服务的真实情况，随着技术的不断进步，管理水平的不断提高，可以适时调整、更新评价指标体系，以适应不断变化的管理需要。

上述四组八项原则是建立农村公路服务质量评价指标时应遵循的原则，同时这八项原则互相之间是有机联系的。八项原则从不同角度、不同

---

① 中共中央马克思、恩格斯、列宁、斯大林著作编译局. 列宁全集（第38卷）[M]. 北京：人民出版社，1986.

目的影响了评价指标的建立和选取。

图 4 - 1 是评价指标构建原则之间的关系图。从该图中，可以看出普适性原则和动态性原则必须在全面性原则基础上提出，前两者分别代表了评价指标的外在表现和适用要求和内在的质量形成机理。全面性原则从服务质量评价指标开始设立和选取时就要考虑，因为全面性原则要求的是指标设立时应该能够涵盖整个农村公路用户对农村公路服务的需求，需求有可能会变化，就要及时调整，因此它是所有工作的基础。

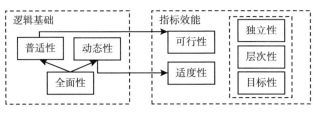

图 4 - 1　评价指标设计原则关系

独立性、层次性、目标性原则的目的是为了保证农村公路服务质量评价指标有良好的效能。而可行性和适度性则关注的是评价指标在实际使用中的合理性和实际表现问题。五项原则共同决定了评价指标的性能质量。

从评价指标设立的过程来看，普适性、全面性和动态性更多是在指标设立工作过程中，其余五项原则主要是在指标设立后对指标进行进一步的检验、筛选、优化活动发生作用。全部八条原则功能准确、关联作用清晰，有助于帮助设立和选取农村公路服务质量评价指标的执行者建立合理的、满足评价目标的指标体系。

4.2　指标体系构建思路与指标赋值要求

建立评价指标体系是进行服务质量评价的基础。农村公路服务质量评价指标主要有三个来源：国内外文献、专家意见、问卷调查。在进行农村公路服务质量评价指标体系我们主要考虑了以下因素。

（1）由于农村公路服务质量形成机理模型中由用户感知的服务质量部分的理论依据为对农村公路服务质量构成要素的分析，可以使用经典的差距分析模型，因此用户感知部分的服务质量评价指标主要沿用 PZB 模型的分析思路和指标分解方法，并根据其他一些研究质量要素和质量改进的分析方法进行补充调整得到。

（2）农村公路服务质量形成机理模型中由农村公路部门支持的服务质量的理论依据是公共服务质量管理以及质量管理中关于过程控制的有关理论，因此，对于这部分的评价指标主要是通过对农村公路部门服务投入要素的指标设计，可以采用专家意见、文献梳理等方法确定。图 4 - 2 为农村公路服务质量评价指标体系构建思路示意图。

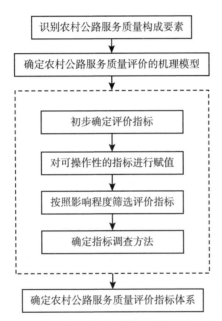

图 4 - 2　农村公路服务质量评价指标构建思路

4.2.1　用户感知的农村公路服务质量评价指标设计

在前文中，本书对农村公路服务做了界定，并使用了菲兹西蒙斯（Fitzsimmons）的服务包理论，详细说明了农村公路服务的组成，用户在使用农村公路服务的过程中会感受到所有的支持性设施、辅助性设施、信息服务以及各种各样的显性服务和隐性服务，对所有这些有形和无形的服务内容的感知就形成了感知服务质量；在本书 3.2.2 和 3.2.3 中，我们得到了农村公路服务质量主要受人员、设施、环境、方法、组织五类要素的影响；进一步在 3.3 中使用关键事件技术识别了用户对农村公路的关键需求点主要集中在功能性、安全性、可靠性等六个方面。这些研究结论很清晰地指引了本书在指标设计时进行重点观察、深入挖掘的方向。

1. 既有文献农村公路服务质量评价指标述评

已有文献中关于公路服务质量评价体系的主要集中在高速公路领域，如朱艳茹（2002）、王劲松等（2003）、邵祖峰（2004）、吴毅洲（2005）、韩先科（2005）、谢军（2007）、王芳（2009）、周黎明（2012）等人主要对高速公路服务质量评价指标进行了研究，他们的研究成果主要集中在服务活动质量、服务环境质量和服务条件质量方面，主要基于"人、机、物、法、环"原理进行，设计的指标从 22 项到 46 项不等，基本涵盖了高速公路行车服务及附属服务的全部活动；而关于农村公路服务质量评价指标的研究很少，只有韩晓莹（2008）、陈红（2009）的研究中借鉴了上述学者在高速公路服务质量评价的有关方法与结论，从农村公路服务活动质量、农村公路服务环境质量和农村公路服务条件质量三个维度，在农村公路运营管理、交通工程等领域研究成果的基础上，参考相应技术规范、建设管理标准构建了三类共 17 项指标组成的评价指标体系。后来花蕾（2011）进一步把评价指标调整增加至 25 项，用于公路服务质量的评价工作。

从表 4-1 可以看出，几位研究人员都是经过对公路交通工程、公路技术标准等的仔细研究，从而对农村公路系统的服务质量设计了考虑周到、层次分明的评价指标体系，特别是花蕾进一步将其扩充到整个公路服务质量评价的范围。上述指标是从公路施工、养护管理等技术规范以及交通工程、公路工程、交通安全理论等领域的文献和标准规范中遴选而出，然后经过专家咨询或专家打分的方法对初步确定的指标进行优选，最终确定服务质量评价指标。专家主要是长期从事公路交通行业技术工作和管理工作的专业人士，以及长期从事该领域的研究学者，在各项指标的专业性上来说虽然有很强的保证，但是所有最终指标从字面上理解都是需要专业人员利用仪器设备或统计数据才可以得出相应指标的数值，在调查的可操作性上有不小难度。上述指标在设计中最大的问题是几乎所有的指标都是基于农村公路服务提供者的角度去分析，主要基于 5M1E 分析法对组织提供的服务质量进行评价，较少涉及非常重要的农村公路用户感知视角的评价指标的建立和选取。

表 4 – 1　　　　　现有文献中农村公路服务质量评价指标

农村公路服务条件质量		农村公路服务环境质量		农村公路服务活动质量	
路网密度	平曲线状况指数	标志标线完备率	标志标线完好程度指数	交通事故伤亡率	累计封路时间
网络节点的通达性	纵坡状况指数	安全设施完备率	防护、隔离、防撞设施完好程度指数	客运班线准时性	应急事件反应能力指数
高级、次高级路面铺装率	视距状况指数	服务设施完好指数	景观协调性指数	行驶速度	交通事故死（伤）率
平曲线状况指数	路面抗滑性指数	沿线绿化	服务区间距	晴雨通车率	正常巡逻率
视距状况指数	桥梁状况指数	标志标线完备率	服务设施完善状况指数	绿色通道畅通度	行驶速度
路面平整度	曲线协调性指数	—	—	用户投诉次数	拥挤度
桥涵渡口完好率	路面平整度指数	—	—	—	收费站交费平均等待时间
—	—	—	—	—	信息发布状况指数
—	—	—	—	—	服务设施使用状况指数
—	—	—	—	—	收费费率
—	—	—	—	—	用户投诉次数
—	—	—	—	—	工作人员服务状况指数

注：本表中各项指标每一类质量维度下左侧列是韩晓莹、陈红等的研究结果，右侧列是花蕾的研究成果。

所以本书认为，这些学者关于公路服务质量评价指标体系的研究结论从农村公路部门角度出发进行服务质量评价，具有极好的借鉴意义和实践价值。但是，由于没有充分考虑用户在使用农村公路时的感知情况，所得出的评价结论更加偏向于格罗斯服务感知质量中的技术质量，如果采用适当的方法将过程质量也补充完善，就会找到同时适合不同评价主体的服务质量评价指标体系。

2. 基于"服务之花"理论的农村公路服务质量机理

用户在使用农村公路服务时会在进入农村公路、行驶途中、咨询和信息查询时、遇到问题紧急救助时、停驶休息时和离开农村公路时，关注服务质量特性，这些服务内容的组成可以用洛夫洛克的"服务之花"理论描述。洛夫洛克（2011）认为任何服务都是由核心服务和附加服务组成，前者为用户带来核心价值，后者为用户带来附加价值，并且认为所有的附加服务都可以分为支持性服务和增强性服务。按照这个逻辑，影响用户对核心服务感知的应该是核心服务质量，提升用户服务感知的则应是非核心服务质量。

用户导向的服务质量测量方法主要有两类：软性测量和硬性测量。由于公路交通运输服务的复杂性和多样性，农村公路服务部门必须同时采用两种测量方法，来对服务质量进行量化。基于前述的理论研究，对农村公路服务活动的有关人员进行访谈，结合已做的农村公路服务的关键事件分析，得出农村公路服务质量评价指标，见图4–3。

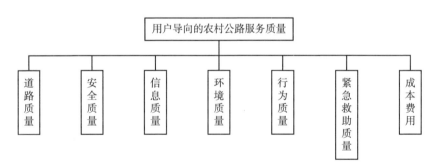

图4–3　用户导向的农村公路服务质量评价指标分类

农村公路服务的核心服务是用户的通行服务，其余的与通行服务有关的休息、查询等都属于附加服务。那么由农村公路服务部门提供的服务可以主要分为建设养护、安全保障、信息咨询、紧急救助、休息服务等。在所有服务中，为道路使用者提供安全、便捷、成本低廉的出行服务是农村公路的核心服务，主要有建养服务和安全服务；为道路使用者提供方便、带来收益的服务属于附加服务，主要有信息服务、紧急服务、休息服务等。

　　在上述 7 类质量指标中，道路质量和安全质量是所有农村公路服务质量维度的核心质量，信息质量、环境质量、行为质量、紧急救助质量和成本费用质量则是附属质量。图 4 - 4 即为参考"服务之花"理论描绘出的农村公路服务质量之花。

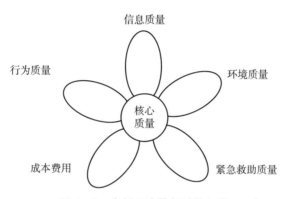

图 4 - 4　农村公路服务质量之花

　　3. 用户感知的农村公路服务质量评价指标建立

　　按上述思路、方法初步构建的用户感知的农村公路服务质量评价指标体系由目标层、系统层、指标层构成，也就是传统意义上的一级指标、二级指标和三级指标。其中，系统层包括以下指标（见表 4 - 2）。

　　（1）道路质量：主要指农村公路的路面、路肩、路基、线形、设计状况以及公路的通行状况。主要反映车辆在农村公路上行驶时的平稳性、顺畅性和舒适性。

　　（2）安全质量：主要指农村公路在道路安全耐久性、交通安全设施的数量、分布及完好状况。

　　（3）信息质量：主要指农村公路通过各种信息载体向用户提供或传递静态或动态的各种交通服务信息的能力及状况。

　　（4）环境质量：主要指农村公路的道路绿化、景观效果以及各类客（货）运服务设施情况。

表 4 – 2　　　初步建立的用户感知的农村公路服务质量评价指标体系

目标层指标	系统层指标	质量指标
用户感知农村公路服务质量	道路质量	（1）农村公路行驶的通畅程度
		（2）农村公路行驶的舒适程度
		（3）农村公路行驶的方便程度
		（4）农村公路的通达情况
	安全质量	（1）农村公路标志、标线完好情况
		（2）农村公路安全防护设施的完好情况
		（3）农村公路交通事故率情况
		（4）农村公路的交通事故损失
		（5）农村公路的安全监管情况
	信息质量	（1）道路标牌标线科学规范
		（2）交通标志指引醒目准确
		（3）便利的道路交通信息查询方式
		（4）所查询信息内容清晰准确
		（5）所查询信息内容及时完整
		（6）农村公路信息宣传工作情况
		（7）获取信息的成本情况
	行为质量	（1）交通量大小情况
		（2）通行速度情况
		（3）车型、人员混入情况
		（4）驾驶员遵守交通法规状况
		（5）交通拥堵情况
		（6）相关人员的交通行为状况
	紧急救助质量	（1）紧急救助的快速反应
		（2）降低灾害影响的效率
		（3）突发事件预警及时
		（4）疏通道路阻塞速度
		（5）恢复道路通行速度
		（6）现场交通指挥调度情况
		（7）提供紧急救助资源保障情况

目标层指标	系统层指标	质量指标
用户感知农村公路服务质量	环境质量	（1）农村公路路面的清洁卫生
		（2）农村公路两侧绿化景观
		（3）客货运站场的卫生状况
		（4）服务区（休息区）的卫生状况
		（5）客货运站场的设施数量及完好情况
		（6）对沿线居民的噪声、污染状况
		（7）农村公路光线、气候状况
	成本费用	（1）减少或增加出行时间
		（2）车辆燃耗变动情况
		（3）车辆轮胎磨损情况
		（4）车辆价值变动情况
		（5）运送乘客或货物的价值变动情况
		（6）交通事故损失
		（7）其他成本费用

（5）行为质量：主要指发生在农村公路上由各种交通工具、行人组成的混合交通行为，多以通行效率、交通事故率来表现。

（6）紧急救助质量：主要指农村公路管理部门在交通异常、道路中断等各种突发事件以及各种自然灾害、战争等情况下降低各种灾害损失的行为和急需救援救助用户提供的各种服务。

（7）成本费用：主要指农村公路使用者在行驶过程中发生的油耗、轮胎磨损、车辆折旧等各项消耗。

在进一步明确系统层指标的构成与内容之后，根据前述文献研究和研究框架确定的基础，通过对我国某农村公路建设先进省份进行了实地调研，了解了农村公路建设、养护、运营、管理等环节的机构设置、工作流程、管理制度、工作方法等；了解了县乡客运、通村客运、货物运输，自然村、建制村等各类农村公路使用者对农村公路的需求和期望等，对用户导向的农村公路服务质量的概念及维度加以界定，并对每一个质量维度设计三个以上的问题，使用李克特量表打分，初步编制出用于测量用户导向农村公路服务质量的量表及相应的调查问卷。

随机选取该省某县经常使用农村公路的司乘人员 150 人作为调查样本，发放初始问卷，共回收有效问卷 104 份。采用专家意见法对问卷题项的准确性和重要性进行优化；根据问卷回答情况对量表进行进一步修改，形成包括 43 个题项的最终调查问卷。具体为：测量道路质量的 4 个、测量安全质量的 5 个、测量信息质量的 7 个、测量行为质量的 6 个、测量紧急救助的 7 个、测量环境质量的 7 个、测量成本费用的 7 个。

4.2.2　农村公路部门支持的服务质量评价指标设计

根据本书第 4 章关于农村公路部门支持的服务质量的形成机机理分析，通过小组讨论和专家意见的方法，初步形成如表 4 - 3 所示的农村公路部门支持的服务质量指标体系。

表 4 - 3　　初步建立的农村公路部门支持的服务质量指标体系

目标层	系统层	指标层
农村公路部门支持的服务质量	人员质量	（1）农村公路养护管理人员的数量状况
		（2）农村公路养护管理人员的能力状况
		（3）农村公路养护管理人员的工作持续意愿
		（4）农村公路养护管理人员的培训状况
		（5）农村公路养护管理人员的收入状况
	管理质量	（1）农村公路相关管理制度的完备情况
		（2）农村公路相关管理制度的执行情况
		（3）农村公路管理组织机构的配备情况
		（4）农村公路管理人员的责任意识和服务意识
	设施质量	（1）农村公路交通设施的完备情况
		（2）农村公路配套服务设施的完备情况
		（3）农村公路设施的技术等级
		（4）农村公路设施的可靠程度
		（5）农村公路设施的维修保养状况

目标层	系统层	指标层
农村公路部门支持的服务质量	信息质量	（1）农村公路信息管理系统的建设情况
		（2）农村公路信息内容的完备情况
		（3）农村公路信息内容的更新情况
		（4）农村公路信息管理系统的响应速度
		（5）农村公路信息统计、报送制度的完备情况
	流程质量	（1）服务流程设计的合理性
		（2）服务流程执行的准确性
		（3）服务流程执行的效率性
		（4）服务流程运行成本情况

4.2.3　评价指标赋值思路与方法

初步确定了农村公路服务质量评价指标体系之后，对这些指标如何赋值是进一步需要确定的问题。在指标赋值时由于牵扯到两类指标，因此要具体问题具体对待。

（1）用户感知的农村公路服务质量指标。由于有较成熟的服务质量感知模型及评价指标体系作为参考，因此其指标赋值也是采用经典成熟的问卷调查，根据事先设定好的答案选项的分值标准对用户在问卷中每一题项的回答选项进行分值确定。对于这一部分的指标赋值可以使用经典的李克特量表法进行。

（2）农村公路服务部门支持的服务质量指标。这类指标通常是站在组织的视角进行，指标项涉及组织的方方面面。为了避免组织自评带来的分值过高或过低现象，交由第三方的评价机构或研究部门进行较好；另外在公共服务绩效评价领域大量的研究证明衡量农村公路部门产出或绩效的指标大都由定性和定量指标构成，只不过是在最后的技术处理上将定性部分定量化了，在数据采集的过程中还是要分开进行。所以，对这部分质量指标如果是定性指标的话，则可以采用语义差别赋值法（这种方法通常用五级或七级表示，每级都对应有相应的分数，由被访者或专业人士对某个评价指标进行有差别的描述，最后按其描述结果对应的等级进行赋值。)①
进行。如果质量指标是定量的，可以根据情况使用线性插值法或者标准
法进行。线性插值法主要适用于已经对很多农村公路部门进行了调研，
同时获得了大量宝贵、真实的数据情况。考虑到目前的研究属于探索性
的实证研究，在国内还没有大量针对农村公路部门调研的数据可供参
考，本书选择第二种方法即标准法作为农村公路部门支持的服务质量指
标中量化指标的赋值方法。标准法指的是根据实际经验、行业规范或是
专家讨论来确定某个定量指标的一个标准，根据所取指标值的情况换算
成相应分值的一种方法。

（3）两类指标都未直接采用官方统计数据或者是根据相应的技术标准
直接换算出相应得分（例如公路等级、线性、视距、平整度、运输量、每
百千米养护人员数量），而是由受访者打分的方式进行赋值，主要是考虑
我国处于不同区域、不同自然条件、不同经济发展水平的农村公路如果采
用刚性的技术标准，很有可能出现某地的评价得分较高，而某地的评价得
分较低，但实际上两地的用户对农村公路的服务质量感知（满意度）水平
其实差别不大。例如对四川川环路崇州段（重庆路）和陕北北部某条农村
公路进行的服务质量评价，按照统计数据直接打分的话，前者得分就会很
高，后者就会明显偏低。但是，两地的农村公路在满足出行、对外联系上
的服务质量差异并不大。所以，本书的评价指标采用以满意度为关键的评
分方法，就具有较为宽泛的适用性。

综上，农村公路服务质量评价指标的赋值思路如表4－4所示。

表4－4　　　　　　　　农村公路服务质量评价指标赋值思路

目标层	系统层	具体质量指标	赋值方法	结果
用户感知的农村公路服务质量	道路质量	（1）（2）（3）……	李克特量表	已赋值指标（进一步抽样调查验证）
	安全质量	（1）（2）（3）……		
	信息质量	（1）（2）（3）……		
	……	……		

① C E Osgood, G J Suci, P H Tannenbaum. The Measurement of Meaning [M]. Urbana: University of Illinois Press, 1957.

续表

目标层	系统层	具体质量指标	赋值方法	结果
农村公路部门支持的服务质量	人员质量	(1)(2)(3)……	定性：语义差别赋值法 定量：标准法	已赋值指标（专家验证）
	管理质量	(1)(2)(3)……		
	设施质量	(1)(2)(3)……		
	……	……		

4.3　评价指标筛选方法

为了保证服务质量评价指标的可操作性，初选的评价指标应当尽可能全面，完全覆盖要调查对象的特征以及调查质量要素。出于普适性、目标性、可行性和独立性等的要求，要进一步对指标体系进行优化。在优化的过程中，可能会发现两种情况，一是指标太多，这就有可能造成语义重复、互相干扰，不符合独立性的要求；二是指标与调查目的不相符，或者不能准确代表理论变量，就要将其删去，这就需要进行指标体系的筛选工作。

4.3.1　评价指标筛选思路

如前文所述，农村公路服务质量评价指标由用户感知的服务质量指标和农村公路部门支持的服务质量指标共同组成，两类指标的评价内容不尽相同。因此，对两类指标的筛选思路既有相同之处，也有不同。

（1）用户感知服务质量指标方面。根据国内外学者在用户感知服务质量方面的研究，基本上都采用问卷调查的方法，通过由涉及全部质量维度的若干问题来获得用户对农村公路服务质量的直接感受。因此，分析各指标间是否相互独立、各指标是否能显著代表质量维度的思路，将独立性差、互相有交集的指标更换或剔除，将对质量维度影响较小的指标剔除等，以得到最能全面反映所有质量维度，又可以用最少数量指标组成的评价指标体系。

（2）农村公路部门支持的服务质量。参照国内外研究文献中关于农村公路部门绩效评价指标体系的指标筛选方法、考虑到农村公路部门采用问卷调查的现实可能性，以及调查可以取得指标的难易程度，一般对此类部门的调查指标设计和筛选多采用专家意见的方法。本书认为，为了保证服务质量评价结果的科学性和真实性，在这一类指标筛选的过程中，同时采用两种思路：对那些直接可以通过公开途径获得的指标数据，可以借鉴用户感知的服务质量指标筛选方法；对于必须要通过专家意见或者访谈等方式确定的指标，则可以采用以定性的方法进行指标的筛选、优化。同时，有些指标可能在初期设计很好，但是由于较难以获得数据或者严重缺乏数据则可以直接剔除。

4.3.2 评价指标筛选方法

在现有关于质量评价指标筛选的方法研究中，比较常用的方法有指标区分度法、相关性分析法、代表性分析法、层次分析法、回归方程法、专家意见法等。[1][2] 根据本书的研究主体和研究目标，可供选择的评价指标筛选方法主要有4个。

1. 相关分析法

相关分析是测量各指标间、不同层级指标间相关关系一种统计方法。在农村公路服务质量评价指标体系中，存在多个相互依赖、相互制约的逻辑关系，利用相关关系法可以考察衡量各个评价指标间、二级指标与一级指标间是否存在相关关系，通过计算相关系数的符号和得数大小来考察，必要时还需要计算偏相关系数进行控制分析。对于上下级指标间负相关或者显著不相关的指标、同一级指标间显著相关的指标应予以剔除，从而消除因具体指标不能反映质量维度特征、指标间独立性不强引起的评价结果存在概念混淆、干扰较大的后果。

进行相关分析主要是计算指标间、变量间的相关系数 r，常用的相关系数计算工具有 Pearson 相关系数、Spearman 相关系数和 Kendall 相关系数，必要时还要进行偏相关分析。

---

① 吕香婷. 综合评价指标筛选方法综述 [J]. 合作经济与科技，2009 (6)：54.
② 姚如一，尹凤军. 服务质量评价指标筛选浅析 [J]. 中外企业家，2012 (6)：22 - 23.

2. 因子分析法

因子分析是通过对变量之间关系的研究，找出能综合原始变量的少数几个因子，使得少数因子能够反映原始变量的绝大部分信息，然后根据相关性的大小将原始变量分组，使得组内的变量之间相关性较高，而不同组的变量之间相关性较低。因此，因子分析属于多元统计中处理降维的一种统计方法，其目的就是要减少变量的个数，用少数因子代表多个原始变量。

因子分析的数学模型描述如下。

将原始的 p 个变量表达为 k 个因子的线性组合变量

设 p 个原始变量为 x_1，x_2，$\cdots$，x_k，要寻找的 k 个因子（$k < p$）为 f_1，f_2，$\cdots$，f_k，主成分和原始变量之间的关系表示为：

$$\begin{cases} x_1 = a_{11}f_1 + a_{12}f_2 + \cdots + a_{1k}f_k + \varepsilon_1 \\ x_2 = a_{21}f_1 + a_{22}f_2 + \cdots + a_{2k}f_k + \varepsilon_2 \\ \vdots \\ x_p = a_{p1}f_1 + a_{p2}f_2 + \cdots + a_{pk}f_k + \varepsilon_p \end{cases}$$

a_{ij} 反映的是变量与因子之间的相关关系，称为因子载荷。计算因子载荷矩阵每一列元素的平方和，即方差贡献率和累计方差贡献率，并将计算结果排序，即可以得到最具有影响力的公共因子。如果计算结果不理想，则还要继续进行因子旋转，直到得到比较满意的公共因子为止。进一步通过数据检验（KMO 检验、Barlett 球度检验）进行因子提取，确定主要因子数量后，观察因子载荷矩阵，并对因子进行命名和解释。

3. 德尔菲法

德尔菲法是专家调查法的一种。是以问卷形式将初步筛选的指标发给专家，由其打分，并做出概率估计并反馈给专家再次打分，如此反复进行，直到不同的对指标的意见逐渐消失，最后趋于一致。在这个过程中，指标被归类、收敛，达到了筛选的目的。

德尔菲法包括准备阶段、轮番征询阶段和数据处理阶段。通过集中征询的方式，将大量的客观而且非技术性的、指标间存在良好逻辑关系且能全面反映评价对象的指标体系提供给多数专家进行经验与主观判断。这种方法也是建立在统计分析的基础上，具有一定的稳定性。

另外，还有学者主张使用马田系统（MTS）对评价指标进行筛选优化，因为该系统的工作原理是先收集一些基准组的数据（初始指标）并对其进行分析，将这一组数据的范围定为基准空间，再收集新的数据并将其可基准数据进行对比，如果不相符，则可判断第二次收集的数据与原来的数据不是同一个口径的，或是样本不同导致的；进而可以通过计算不同指标体系的信噪比，从而实现初始测评指标的筛选（李堃，2008）。

4. 服务质量评价指标的筛选①

（1）指标数据收集。根据前述确定的服务质量评价思路与方法，笔者和研究人员 2014 年 5 月分为三组到该省北部、中部和南部各一个地市对使用农村公路的司乘人员和农户进行走访，共发放 300 份问卷，共回收有效问卷 245 份，有效率为 81.7%。样本特征：男性占 69.2%，女性占 30.8%；24~40 岁的样本占 86.3%，40 岁以上的样本占 10.8%；司乘人员占 36.3%，乘客或农户占 63.7%。

（2）探索性因子分析。笔者使用 SPSS19.0 软件对农村公路服务质量的全部题项进行了 Bartlett 球体检验和 KMO 检验，sig = 0.000，KMO = 0.972，表明本问卷结构效度较好，可以进行因子分析。接下来的主成分分析共得到 7 个特征值在 1.0 以上的主成分，其累计方差解释为 73.80%。考虑部分题项在两个以上的主成分存在显著的交叉负载，进一步修改优化后剩余 34 个题项分别在 7 个主成分上有显著的负载，7 个主成分累计方差解释力为 72.43%。因此，可以初步确定道路质量、安全质量、环境质量、信息质量、行为质量、紧急救助以及成本费用 7 个指标是农村公路服务质量的主要影响因子。

（3）量表的信度与效度分析。继续使用 AMOS（21.0 版本）对量表进行了二阶验证性因子分析。结果表明量表符合二阶因子结构（$\chi^2/df = 2.03$，$p = 0.001$，NFI = 0.92，NNFI = 0.93，CFI = 0.94，RMSEA = 0.068），所有题项均在 0.001 水平上显著。

验证性因子分析方面借鉴了格尔佛和蒙特尔（Garver & Mentzer，1999）在建立物流服务质量评价 LSQ 模型中的方法对评价模型中的 7 个主成分做进一步验证，得到拟合参数 $\chi^2/df = 1.89$；$p = 0.000$；CFI = 0.94；GFI = 0.92；TLI = 0.94；NFI = 0.91；RMSEA = 0.07。量表中各题项的 α

---

① 夏明学，郗恩崇，李武选. 用户导向的农村公路服务质量评价体系探索性研究［J］. 统计与决策，2015（12）.

值都超过 0.8（见表 4–5），平均方差抽取量（AVE）均大于 0.5，组合信度（CR）均大于 0.7，反映出量表具有良好的信度。同时，所有题项的因子载荷都超过了 0.5，并且在 0.001 的水平上显著，各变量 AVE 值均大于变量间相关系数的平方，说明量表具有较高的收敛效度和区分效度。

表 4–5　　　用户感知的农村公路服务质量量表的项目及可靠性

变量名	变量题项	α 值
道路质量	（1）农村公路行驶的通畅程度	0.823
	（2）农村公路行驶的舒适程度	
	（3）农村公路行驶的方便程度	
安全质量	（1）农村公路标志、标线完好情况	0.912
	（2）农村公路安全防护设施的完好情况	
	（3）农村公路交通事故率情况	
	（4）农村公路的安全监管情况	
环境质量	（1）农村公路路面的清洁卫生	0.907
	（2）农村公路两侧绿化景观	
	（3）客货运站场的卫生状况	
	（4）服务区（休息区）的卫生状况	
	（5）客货运站场的设施数量及完好情况	
	（6）对沿线居民的噪声、污染状况	
信息质量	（1）道路标牌标线科学规范	0.876
	（2）交通标志指引醒目准确	
	（3）便利的道路交通信息查询方式	
	（4）所查询信息内容清晰准确	
	（5）所查询信息内容及时完整	
行为质量	（1）交通量大小情况	0.857
	（2）通行速度情况	
	（3）车型、人员混入情况	
	（4）驾驶员遵守交通法规状况	

变量名	变量题项	α 值
紧急救助质量	（1）紧急救助的快速反应	0.889
	（2）降低灾害影响的效率	
	（3）突发事件预警及时	
	（4）疏通道路阻塞速度	
	（5）恢复道路通行速度	
	（6）现场交通指挥调度情况	
	（7）提供紧急救助资源保障情况	
成本费用	（1）减少或增加出行时间	0.902
	（2）车辆燃耗变动情况	
	（3）车辆轮胎磨损情况	
	（4）车辆价值变动情况	
	（5）运送乘客或货物的价值变动情况	
	（6）交通事故损失	

（4）量表的可靠性分析。量表的 Cronbach's α 值为 0.926，说明量表是很可靠的，而且每个题项的 α 值都大于 0.8。因此，道路质量、安全质量、环境质量、信息质量、行为质量、紧急救助质量以及成本费用 7 个维度均为农村公路服务质量要素。最终量表共计 35 个题项，如表 4 - 5 所示。

4.3.3 最终的农村公路服务质量评价指标体系

综上，按照服务质量指标赋值思路与方法、指标筛选的思路与方法等分别对农村公路服务的用户感知质量评价指标和农村公路部门支持的服务质量评价指标进行了赋值方法确定、指标初步构建、使用因子分析和专家意见的方法最终确定了基于用户感知和农村公路部门支持的农村公路服务质量评价指标体系，如表 4 - 6 所示。

表 4 – 6　　　　基于用户感知及农村公路部门支持的农村
公路服务质量评价指标体系

目标层	系统层	指标层
用户感知农村公路服务质量	道路质量	（1）农村公路行驶的通畅程度
		（2）农村公路行驶的舒适程度
		（3）农村公路行驶的方便程度
	安全质量	（1）农村公路标志、标线完好情况
		（2）农村公路安全防护设施的完好情况
		（3）农村公路交通事故率情况
		（4）农村公路的安全监管情况
	环境质量	（1）农村公路路面的清洁卫生
		（2）农村公路两侧绿化景观
		（3）客货运站场的卫生状况
		（4）服务区（休息区）的卫生状况
		（5）客货运站场的设施数量及完好情况
		（6）对沿线居民的噪声、污染状况
	信息质量	（1）道路标牌标线科学规范
		（2）交通标志指引醒目准确
		（3）便利的道路交通信息查询方式
		（4）所查询信息内容清晰准确
		（5）所查询信息内容及时完整
	行为质量	（1）交通量大小
		（2）通行速度情况
		（3）车型、人员混入情况
		（4）驾驶员遵守交通法规状况
	紧急救助质量	（1）紧急救助的快速反应
		（2）降低灾害影响的效率
		（3）突发事件预警及时
		（4）疏通道路阻塞速度
		（5）恢复道路通行速度

目标层	系统层	指标层
用户感知 农村公路 服务质量	紧急救助质量	（6）现场交通指挥调度情况
		（7）提供紧急救助资源保障情况
	成本费用	（1）减少或增加出行时间
		（2）车辆燃耗变动情况
		（3）车辆轮胎磨损情况
		（4）车辆价值变动情况
		（5）运送乘客或货物的价值变动情况
		（6）交通事故损失
农村公路 部门支持 服务质量	人员质量	（1）农村公路养护管理人员的数量状况
		（2）农村公路养护管理人员的能力状况
		（3）农村公路养护管理人员的工作持续意愿
		（4）农村公路养护管理人员的培训状况
	管理质量	（1）农村公路相关管理制度的完备情况
		（2）农村公路相关管理制度的执行情况
		（3）农村公路管理组织机构的配备情况
		（4）农村公路管理人员的责任意识和服务意识
	设施质量	（1）农村公路交通设施的完备情况
		（2）农村公路配套服务设施的完备情况
		（3）农村公路设施的可靠程度
		（4）农村公路设施的维修保养状况
	信息质量	（1）农村公路信息管理系统的建设情况
		（2）农村公路信息内容的完备情况
		（3）农村公路信息内容的更新情况
		（4）农村公路信息管理系统的响应速度
	流程质量	（1）服务流程设计的合理性
		（2）服务流程执行的准确性
		（3）服务流程执行的效率性

用户感知的农村公路服务质量和农村公路部门支持的服务质量在指标设立、数据搜集以及评价方法存在着比较明显的差异。

1. 指标类型差异

用户感知的农村公路服务质量评价指标是根据用户在接受服务的过程中服务接触的感受来评价服务质量的，本书主要通过关键事件技术分析用户在使用农村公路的过程中的关键事件，确定了用户感知服务质量的构成要素，这些要素的剖析分解就构成了用于评价服务质量的具体评价指标，是相对具象的指标；农村公路部门支持的服务质量主要是确定了其在提供服务的过程中对所投入服务要素的影响分析，这些指标涵盖了服务管理的方方面面，是相对抽象的评价指标。

2. 数据获取方法差异

由于在指标类型上的差异和调查对象的不同，两类指标在数据获取的方式上也存在明显差异。用户感知的农村公路服务质量主要靠问卷调查的方式从用户那里获得，问卷也主要使用李克特量表编制，方便用户做出回答；农村公路部门支持的服务质量则依靠对有关部门的结构化访谈获得相应数据，访谈结束后通过赋值方法将访谈记录转化为可以计算的数值。

3. 指标赋值方法差异

由于数据获取方法的差异，用户感知的农村公路服务质量主要是采用李克特量表的赋值方法（分值从 1 到 N，N 为李克特量表的分级数）；农村公路部门支持的服务质量主要是靠主观赋值或者标准法获得。

4. 评价所需样本量差异

用户感知的农村公路服务质量评价数据来源就是农村公路用户，为了获得较为准确的评价结果，在评价时要尽可能调查大量的用户，可能至少需要调查几百位用户，方能得出比较客观的结论；农村公路部门支持的服务质量评价数据来源于农村公路的主管部门、建设部门、养护部门等，由于有较规范的组织架构和管理规章制度，只需向主管人员及工作人员代表进行调查就可以获取所需内容，因此往往采用的是主管人员访谈和专家意见的方法进行评价，所需调查样本较少，甚至在评价某条农村公路或一个特定区域内的农村公路时，只需到一个部门调查即可获得基本数据。

5. 定量评价为主与定性评价为主的差异

正是由于两类数据在前述四个方面的明显差异，在评价过程中用户感知农村公路服务质量的评价以定量分析为主，可以使用 SERVQUAL 模型和李克特量表获取数值，采用主成分分析和因子分析的方法提取关键质量指标要素，采用 SPSS、AMOS、SEM 等软件进行数据检验、统计分析；而农村公路部门支持的服务质量评价中数据的获得、赋值办法、权重的配比、调查结论的数量转化过程基本上都是以专家意见和小组讨论的方式完成的，具有明显的定性特征。

4.4 本章小结

本章根据开篇确定的"服务质量概念确定—服务质量形成机理—服务质量维度分析—服务质量测量评价"的农村公路服务质量评价的研究框架，构建了"用户感知的服务质量和农村公路部门支持的服务质量"的二元评价指标体系框架，并且通过相应方法确定了具体的指标体系内容。第5 章将通过本章建立的指标体系和前文确立的农村公路服务质量形成机理以及相应的评价模型构建农村公路服务质量评价模型；第六章将进一步从农村公路服务质量评价实证研究的角度验证指标体系和评价模型的适用性。

本章的主要研究工作如下。

（1）根据服务质量评价工作的基本原理，确立了农村公路服务质量评价指标体系的建立原则，基于用户感知理论和农村公路的公共产品属性构建了以用户感知和农村公路部门支持的二元服务质量评价指标体系框架，为开展农村公路服务质量评价提供了依据。

（2）根据农村公路特殊的服务形式及特点，在明确用户感知的服务质量和农村公路部门支持的质量无论数据来源途径还是数据收集方法都存在较大差异的基础上，确立了农村公路服务质量评价指标赋值的思路与赋值方法，为评价指标的实际应用扫清了障碍。

（3）针对初步建立农村公路服务质量评价指标可能出现的不完全符合

全面性、层次性、独立性、可行性等原则的情况进行进一步的筛选。结合农村公路用户感知服务质量指标和农村公路部门支持服务质量指标的定量指标和定性指标共存的特点，基于实用高效的要求确立了以相关分析、因子分析和标准法等方法进行评价指标的筛选方法。并通过上述方法的应用，得到了筛选后的最终农村公路服务质量评价指标体系。

第5章 农村公路服务质量评价模型与方法

对于农村公路服务质量评价来说，评价模型与方法研究的目的是找到并确定适用于农村公路服务的量化模型与方法，并将多口径、多属性的评价指标的量值最终转化成为一个可供直观判断的数值，而这也是评价工作的结果及作用。评价工作的基础是能获得足够多的评价对象的数据，本章就是在农村公路服务质量评价指标体系确定的情况下，研究适用于农村公路服务质量评价模型与方法，以及这些方法在实际使用中的基本思路。主要包括以下几个研究内容：农村公路服务质量评价的原则与流程、农村公路服务质量评价模型与方法（用户感知的农村公路服务质量评价模型与方法、农村公路部门支持的服务质量评价模型与方法）、农村公路服务质量评价办法制定思路。

5.1 农村公路服务质量评价原则与流程

评价活动是一个非常复杂的过程。在辞海中，它的本义是议论交易对象的价格，就价格本身进行讨价还价；后来引申为通过某种方法或手段衡量某个人或事物的价值。① 它本质上是评价主体对评价对象的某种判断过程。著名教育学家布鲁姆（Bloom，1956）在关于教育教学目的研究中将评价作为人类思考和认知过程的等级结构模型中最基本的因素。根

---

① 夏征农、陈至立．辞海（第六版）［M］．上海：上海辞书出版社，2010.

据他的教育目的理论模型，在人类对周边事物认知与处理过程中评价是最复杂的认知活动之一。研究认为："评价是一个价值判断的过程，价值判断对象是意见、方法或材料等。价值判断主要靠某种标准对评价对象的准确性、实效性、经济性以及满意度等方面进行评价。"从布鲁姆的研究中可知，评价活动是有其产生原因和活动目的的，在活动过程中综合使用了某种方法和手段，是一个同时具备名词属性和动词属性的科学概念。所以，从这个意义上理解，评价活动是指评价者基于某种特定目标，采用相应的方法与标准，对评价对象的各个属性，进行量化和非量化的测量过程，最终将所有测量结果转化为客观、可靠的定量化的价值或效用的结论。这里所指的评价者常称为评价主体，主要是对某个对象进行评价的主观能动体。

5.1.1　评价原则

通过前述研究，我们已知农村公路服务质量既具有格罗斯等人认为质量是由顾客主观感知决定的根本属性，也具有因其作为公共产品除了要满足用户基本交通需求外，更多的是承担了服务区域社会进步和经济发展。因此，在构建评价模型和开展评价工作时，除了要坚持一般评价工作所需遵循的科学性、实用性、全面性等基本原则外，还要考虑用户导向与公共导向相结合的原则。

（1）科学性与实用性相结合原则。评价工作的科学性是指评价工作要建立在对农村公路服务内涵、服务过程、质量要素构成等的充分认识和系统研究的科学基础上，所确定的服务质量评价目标、评价内容和评价方法一定要能够客观反映我国农村公路服务质量的实际情况；同时最终形成的评价方法在具体的实施过程中能够具有良好的可操作性、评价方案简单明了、评价资料真实可靠、评价方法与评价结论简洁易懂。

（2）系统性和层次性相结合原则。农村公路服务质量涉及用户感知和农村公路支持两大类质量要素，在具体构成上有着不同的结构层次和质量特性，各类要素对服务质量的影响机理及效果不同，包括人员（用户与员工）、组织、有形设施、交互关系等要素对服务质量的作用与影响。因此，农村公路服务质量评价必须对整个服务过程进行系统性分析，科学合理地解构其质量层次。本书研究认为可以根据农村公路服务质量形成机理确定评价系统的框架结构，并进一步划分评价层次，使建立起来的评价体系结构清楚，使用方便，效率提高。

（3）全面性和代表性相结合原则。和其他服务一样，农村公路服务质量构成要素同样具有可靠性、保证性等多维的质量特性，为了使评价农村公路服务质量评价结果客观、有效，需要对多维质量要素进行全面综合评价。质量评价过程中，作为需求方的用户与作为供给方的农村公路部门在质量要素的理解上客观存在认知差异，这种差异对服务质量有明显的影响，为了准确反映关键服务质量状况，需要重点对这些关键性的服务质量进行评价，做到全面性和代表性相结合。

（4）动态性和静态性相结合。农村公路服务水平和服务的供求关系随着用户认识的深入和社会经济的发展而具有动态发展的特征，对农村公路服务质量进行评价既是实现城乡基本公共服务均等化目标的要求，也是正确认识服务现状，不断改进服务的过程。因此，农村公路服务质量评价工作必须考虑动态化特点，同时，为了保证评价工作的意义和指导作用，在一定时期以内，各类服务质量评价指标及其评价内容应保持其相对稳定性，在评价工作的动态性和静态性寻求最佳结合点。

（5）用户导向与公众导向相结合。具有公共产品属性的农村公路是为区域内用户出行和社会经济发展服务的，是具有非排他性的为任何用户使用的。与服务企业提供的服务不同，农村公路不可能也无法做到满足每一位用户的具体需求，只能按照大多数人的利益诉求进行服务，但是在评价工作中必须要具体到每一位用户，每位用户的评价都对提高服务质量至关重要，这就是用户导向的体现；同时，要兼顾大多数人的服务需求，以满足公众需求为目的进行评价总结，发现需要进一步改进和完善的服务质量要素，这就是公众导向，只有将二者很好地结合起来，方能有效达到评价工作的目的。

5.1.2 模型构建流程

按照上述评价思路和评价原则，可以确定如下的农村公路服务质量评价模型的构建流程。

（1）准确界定评价模型中所指的服务对象和评价目标。农村公路服务质量评价不仅需要明确用户的真实需求和接受服务的意愿，还应结合前述关于农村公路服务质量形成机理的内在要求，选择评价要素。这时，必须准确界定服务对象（用户）和评价目标要求（提高服务质量、更好地为区域经济社会服务），重点评价用户对农村公路关键服务质量要素的满意度及改进、提升空间，同时，以提高农村公路部门内部服务质量为重点，不断提高农村公路的整体服务质量。

（2）根据农村公路服务传递系统的特征设计评价指标。在进行服务质量评价指标体系设计时，应重点观察农村公路服务的服务传递过程，按照对服务产生、维系、实现、改进、提高的全过程进行分析，寻找关键的质量特征指标。服务传递系统特别是服务接触的分析是农村公路服务质量评价模型构建的基础，通过建立服务质量评价模型对服务活动实现全过程描述，可以客观、真实、全面地反映农村公路服务质量。

（3）明确评价主体和所使用的评价方法。农村公路服务质量的评价需要明确主体是谁，主体不同，评价的目标就不同，所关注的服务质量维度也可能不同。因此，在构建具体评价模型之前要进一步确认评价主体，确定是以用户为评价主体还是以农村公路部门为评价主体，抑或是以第三方为评价主体；进一步根据评价对象、评价主体、评价目标、指标设计等因素科学合理选择评价方法，确保服务质量评价结果能满足评价主体的要求。

（4）构建农村公路服务质量评价模型。最后一步就是构建农村公路服务质量评价模型，并对模型所使用的方法做出解释说明，必要时还可以设计指导实际操作的使用说明或评价指南、细则等，方便评价时使用。

关于服务对象、评价目的、评价指标体系的设计以及评价指标的获取方法等都已在前述章节中做了研究并得出可供使用的研究结论，明确了相关内容，根据评价模型构建流程，接下来就是进一步确定评价主体和使用的评价方法，实际构建农村公路服务质量评价模型与方法，构建流程见图5－1。

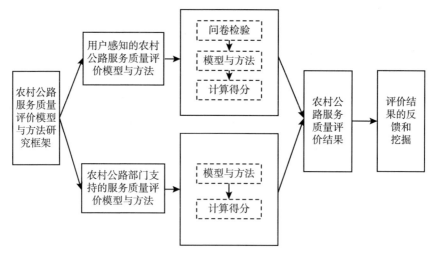

图 5 - 1   农村公路服务质量评价模型与方法的构建流程

5.2 农村公路服务质量评价模型构建

评价模型的构建主要分三部分：一是选择或建立构建模型的方法；二是确定评价主体；三是构建评价模型。

5.2.1 常用服务质量评价方法分析

服务管理发展 40 多年来，已经形成了以 Kano 模型、SERVQUAL 模型、SERVPERF 模型、模糊综合评价等主流的评价模型与方法，这些模型具有显著的优点和适用条件与范围，对其进行分析评价有助于确定适用于农村公路服务质量的方法。

1. Kano 模型

在格罗鲁斯提出顾客感知服务质量概念的 20 世纪 80 年代，对服务质量维度的研究出现了两种非常有影响的学说，Kano 模型和 SERVQUAL 模型。

Kano 模型是日本学者狩野纪昭等（Noriaki Kano et al.，1984）根据赫兹伯格的双因素理论开创并提出的质量管理领域的"魅力质量与必备质量"学说中用于对产品/服务质量认知的模型，Kano 通过对质量要素的二维属性识别，将产品或服务的质量要素划分为基本质量、期望质量、魅力质量、无差异质量和反向质量 5 类，是一种典型的揭示顾客满意与不同质量需求层次关系的定性分析方法。图 5-2 是 Kano 模型的原理图。

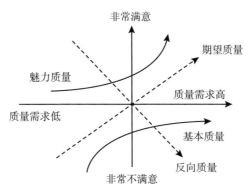

图 5-2　Kano 模型

　　模型中，基本质量要素、期望质量要素、魅力质量要素、无差异质量要素和反向质量要素具体解释如下。

　　（1）基本质量要素（must-be quality）：产品/服务必须具备的质量特性，如果具备，用户不一定会感到满意，但是如果不具备，用户会感到不满意。

　　（2）期望质量要素（one-dimensional quality）：产品/服务具备的一种质量特性，其具备得越多，用户越会感到满意，具备越少或者不具备，用户越会感到不满意。

　　（3）魅力质量要素（attractive quality）：产品/服务质量中充满竞争力的特性，如果具备，用户会感到满意，如果没有，用户不会感到不满意。

　　（4）无差异质量要素（indifferent quality）：产品/服务中不容易引起用户关注的质量特性，具备不具备都不会影响顾客的满意程度。

　　（5）反向量要素（reverse quality）：产品/服务中容易引起用户不满或者较不满意的质量特性，这类质量特性越多越容易引起用户不满。

　　为了更好地发现产品/服务中的 5 类质量要素，狩野纪昭设计了一套结构化的问卷和分析方法用于识别用户眼中的各类质量要素，主要步骤为：首先，设计可以反映顾客对产品/服务需求的问卷调查表；其次，展开一定样本数量的问卷调查并将调查获得的数据从正反两个方面进行汇总计算；最后，通过分析各质量维度的分值比重，将具体服务质量指标归于上述 5 种要素其中一种。

在问卷中每个问项都是从正反两个方向提问的，然后根据用户的回答情况做出综合判断，如表 5 - 1 所示。

表 5 - 1   Kano 问卷各要素调查结果参考

产品\服务需求		负向问题				
	量表	喜欢	理应如此	无所谓	能忍受	不喜欢
正向问题	喜欢	Q	A	A	A	O
	理应如此	R	I	I	I	M
	无所谓	R	I	I	I	M
	能忍受	R	I	I	I	M
	不喜欢	R	R	R	R	Q

资料来源：Matzler K，Hinterhuber H H，Bailon F et al. How to Delight Your Customers ［J］. Journal of Product & Brand Management，1996，5（2）：6 - 18.

Kano 模型提出后受到了广泛关注，莫尔瓦和萨拉瓦（Moura & Saraiva，2001）对 Kano 质量分类进行了深入研究；博格等（Berger Charles et al.，1993）对 Kano 评分表进行了探讨。此外，还有学者将 Kano 模型与 IPA 分析法（邓维兆等，2007；孟庆良等，2014）、DEMATEL 分析法（李友铮等，2008）等结合起来解决相关领域的问题。后来进一步通过对顾客对每个产品/服务质量属性的重要性感知的赋值，使得研究者可以利用 Kano 重要度和 Kano 满意度两个维度建立服务质量提升矩阵（Yang et al.，2005）。

2. SERVQUAL 模型与 SERVPERF 模型

1988 年 PZB 组合提出的用于测量服务质量的工具 SERVQUAL 量表（就是 PZB 组合提出的顾客感知服务质量差距模型的测量工具），模型本书已在第 4 章中介绍。SERVQUAL 量表是一个由 5 个维度、22 个题项组成的量表。量表中每一个题项都采用的是 7 级的李克特量表式评价尺度，用顾客的实际感知和期望之差来反映服务质量。后来 PZB 在 1991 年和

1994 年对该量表做了进一步的修正，将顾客感知服务质量与顾客满意之间的关系考虑进来。表 5 - 2 为 SERVQUAL 量表的基本原型。

表 5 - 2　　　　　　　　　　　　SERVQUAL 量表

维度	构成项目
有形性	（1）有现代化的服务设施 （2）服务设施具有吸引力 （3）员工有整洁的服务和外表 （4）公司设施与他们提供的服务匹配
可靠性	（5）公司向顾客承诺的事情能及时完成 （6）顾客遇到困难时，能表现出关心并提供帮助 （7）公司是可靠的 （8）能准确地提供所承诺的服务 （9）正确记录相关的服务
响应性	（10）不能指望他们告诉顾客提供服务的准确时间 （11）期望他们提供及时得到服务是现实的 （12）员工并不总是愿意帮助顾客 （13）员工太忙以至于无法立即提供服务、满足顾客需求
保证性	（14）员工是值得信赖的 （15）在从事交易时顾客会感到放心 （16）员工是有礼貌的 （17）员工可以从公司得到适当的支持，以提供更好的服务
移情性	（18）公司不会针对不同的顾客提供个别的服务 （19）员工不会给予顾客个别的关怀 （20）不能期望员工了解顾客的需求 （21）公司没有有效考虑顾客的利益 （22）公司提供的服务时间不能符合所有顾客要求

PZB 的服务质量差距模型和 SERVQUAL 量表的提出使企业明晰了应该从哪些维度出发对服务质量进行管理与控制，之后国内外许多学者关于服务质量评价与测量的研究都是基于这个理论分析与实证测量框架的。

也有不少学者针对该方法的缺陷与不足提出了质疑与批评，并致力于不断改进服务质量的测量方法。克罗宁和泰勒（Cronin & Taylor, 1992）提出了 SERVPERF 评价方法，该方法认为在顾客感知服务质量的分析与计算过程中按照 SERVQUAL 的方法很大概率会产生将顾客的期望值重复计算的情况，他们通过对大量服务型企业的实证研究发现 SERVPERF 在变异解释能力和效度方面均优于 SERVQUAL。方宇通（2012）的研究认为两种方法在评价结果和评价的信度、效度方面是一致的。

3. IPA 分析法

IPA 法是马提拉和詹姆斯（Martilla & James，1977）提出的服务重要性—表现程度分析法（Importance Performance Analysis，IPA）。该方法是一种通过对比不同服务项目或服务的不同维度的重要度和服务表现的客户满意度测评、诊断技术，目的是帮助决策者为制定服务质量改进策略提供科学的依据。

IPA 法的工作流程是如下。

（1）确定要评价的观测变量和评价的分值范围。

（2）分别确立各观测变量的重要性 I（importance）及其服务表现的分值，画出标有刻度的重要性 - 服务表现图。

（3）分别求出观测变量重要习惯及其各自总的平均数或中值，并且找出以上两个平均数（或中值）在重要性 - 服务表现图中的确切交叉点，以该交叉点为中心将重要性 - 服务表现图分成四个象限，形成了 IPA 分析的框架示意图（见图 5 - 3）。

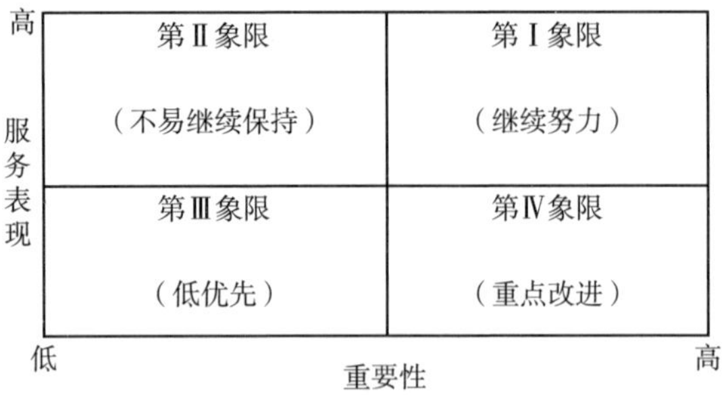

高	第 II 象限	第 I 象限
服务表现	（不易继续保持）	（继续努力）
	第 III 象限	第 IV 象限
低	（低优先）	（重点改进）
	重要性	高

图 5 - 3　IPA 分析图示意

（4）分别将各观测变量，根据其重要性和服务表现的实际得分，逐一定位其在对应的四个象限的位置。

（5）按照巴洛格鲁和洛夫（Baloglu & Love，2003）的观点，第 I 象限为要继续努力的质量要素；第 II 象限保持现状的质量要素；第 III 象限为改进优先级较低的质量要素；第 IV 象限为重点需要改进的质量要素。汉森和布什（Hansen & Bush，1999）指出，IPA 法是一个简单而有效的帮助从业者辨识服务改进优先性的工具。IPA 法的应用虽然比较广泛，但其局限性也是显而易见的。首先，IPA 法假定重要性与满意度两个维度上的变量是相互独立的，并且与受访者的总体感知线性相关。然而在现实中，由于受访者的评价具有主观性，重要性评价和满意度评价很难保证互相独立。其次，IPA 法要求受访者对同一问题做两次回答，增加了受访者的负担，并直接导致调研质量下降。

　　为了降低受访者的负担，准确计量各质量要素对服务满意度的影响程度，马茨洛（Matzler，2003）提出了改进的 IPA 法，有效地降低了因用户自述重要性导致的偏差。后来，孟庆良等（2014）整合了 IPA 方法与 Kano 模型对快递服务绩效和顾客满意的关系进行了研究，陈旭（2013）进一步在实证研究的基础上对改进的 IPA 法进行修正探讨了不同 IPA 分析方法可能产生差异以及对实际满意度提升工作带来的影响。改进的 IPA 分析法是将原来由用户自己评价的重要性加工计算成导出的重要性，其背后的逻辑就是"对整体满意度影响最大的服务是最重要的"。导出重要性的计算方法为：改进的 IPA 法与传统 IPA 法相比的最大区别在于服务因子重要性的测量。其要点在于采用偏最小二乘法（PLS），通过统计分析计算出各服务因子的"导出重要性"。具体来说，就是运用偏最小二乘法（PLS）对调查问卷所获得的数据进行分析，分别计算各项服务因子对总体满意度的贡献程度。由于 SPSS 19.0 无法直接进行偏最小二乘法计算，可通过为 SPSS 19.0 加入 PYTHON 2.6 插件的方式解决。

　　4. 其他评价模型

　　相比较国外主流的评价模型而言，国内学者更多地从实际应用和理论探索等角度出发提出了一些应用于服务质量评价的模型方法，主要有郎志正（1991）六性测评理论技术、孟祥华（2000）相对价值评价法、崔立新（2001）价值曲线评价法、周黎明等（2013）探索性因子分析法、徐春婕等（2014）粗糙集评价法以及情感技术测评法（Huang M H，Rust R T，2017）等。这些方法大都是在 SERVQUAL 方法的基础上，对各指标间权重方法的探讨或者是从服务价值的角度探讨服务质量的价值分析方法，或者是新技术在服务质量测量领域的初步尝试，缺乏有效的实证检验。

　　5. 模型总体评价与本书采用的建模方法

　　由于 SERVQUAL 和 SERVPERF 在本质上是同一类评价模型方法，因此本小节仅对 Kano 模型和 SERVQUAL 进行评价，虽然很多学者在研究时会偏爱某种模型，例如，有研究认为关于图书馆服务质量评价的研究中较多使用 SERVQUAL 模型，而很少使用 SERVPERF 模型①。

Kano 模型和 SERVQUAL 模型都是基于顾客感知的，但是 Kano 模型由于引入国内较晚，目前的研究大多集中于产品功能设计与改进方面，大规模应用于服务业的实证还较少；SERVQUAL 模型评价法已经在很多服务型行业得到了广泛应用，表现出其成熟性的一面。②

在服务质量要素识别方面，Kano 模型操作简单、分类明确，有利于决策者建立框架性的质量框架结构；SERVQUAL 模型的研究结论更有利于将服务质量要素转化为服务标准，但是需要进行大规模的调查分析，人力、物力、财力消耗较大，同时较多的问项需要顾客积极配合，这时，Kano 模型的问卷法更加容易被顾客所接受。因此，我们完全可以基于不同的评价目的分别选用或者将这两种方法配合使用，以达到预期效果。

本书采用的评价模型建立与评价方法是：在 PZB 组合的差距模型和 SERVQUAL 评价方法的基础上，确立相应的服务质量评价指标；以 Kano 模型及问卷方法界定用户关注的关于农村公路服务质量要素中的基本质量要素、期望质量要素、魅力质量要素，进一步采用改进的 IPA 分析法，寻找在所有需要改善和加强的农村公路服务质量要素中需要优先进行改进之处，以实现评价活动提升农村公路服务质量的目的。

5.2.2 评价主体选择

评价主体的选择是公共部门进行绩效评价时面临的首要问题，由于农村公路服务不是企业行为，不像高速公路服务质量评价直接以高速公路经营公司为评价主体完成服务质量评价工作，这种服务是由各级交通运输部门提供的，其服务质量评价的基础工作之一就是确定合适的评价主体。在服务质量评价工作中，评价主体的确定至关重要。这是因为，评价主体自身的价值观和判断标准会对服务质量的评价结果产生最重要影响；以自然

① 施国洪. 图书馆服务质量评价研究回顾与展望 [J]. 中国图书馆学报, 2009 (9)：91-98.
② 魏丽坤. Kano 模型和服务质量差距模型的比较研究 [J]. 世界标准化与质量管理, 2006 (9)：10-13.

人为例，评价主体的智力水平、综合素质、行为能力等直接影响着服务质
量评价方案的科学性和可操作性。在公共行政管理领域，决定和影响涉及
公共服务绩效的基础理论主要有：科层理论、公共产品理论、治理理论、
利益相关者理论等，各理论内容及相应支撑的评价主体详见表 5 - 3。

表 5 - 3　　　　　　　　　评价主体选择的理论依据

序号	理论	内容	评价主体
1	科层理论	构建依规程办事、非人格化管理的层级节制的权力体制	各级政府主管部门
2	公共产品理论	按照公众的需要来提供公共产品	公众作为评价的绝对主体
3	治理理论	寻求政府与非政府组织、与公民共同治理的多元主体模式，以满足公众需要为政府治理的根本目标	公共权力组织、公共性社会中介组织等多元评价主体地位
4	利益相关者理论	与公共利益相关的政府机构、个人和团体等都会基于各自利益考虑对公共绩效进行评价	公众、公共权力组织、公共性社会中介组织作为评价主体

资料来源：曾友中. 主体选择：地方政府绩效评估研究的视角及问题域［J］. 湘潭大学学报
（哲学社会科学版），2007（4）：19 - 22.

　　由表 5 - 3 可知，提供公共产品或公共服务的组织进行绩效评价主体
选择主要有四种：上级部门、公众、第三方组织或机构、公众和第三方组
织共同组成的主体，也就是通常意义的一元评价、二元评价和多元评价。
因此，根据上述理论，农村公路服务质量评价主体可以分为内部评价主体
和公众评价主体、第三方评价主体和多元评价主体四类。其中，内部评价
主体是从农村公路主管部门及其上级部门的角度对其提供的公路服务质量
进行评价；公众评价主体是从农村公路用户（服务管理理论中的"顾
客"）的角度，以用户对其接受服务的实际感知或满意度与对服务的质量
期望比较作为评价依据；第三方评价主体是由非农村公路主管部门、非用
户之外的中立的社会评价组织以其专业化评价能力和工具技术对农村公路
服务质量进行评价的。有学者认为第三方评价主体就是独立于被评价组织
和用户的其他评价主体，[①] 可以担任第三方评价主体的有各级主管部门委

---

　　① 段红梅. 我国政府绩效第三方评估的研究［J］. 河南师范大学学报（哲学社会科学版），
2009（6）：47 - 51.

托的评价机构、具备评价能力的大专院校、社会中介组织等。[①] 多元评价主体是指由用户和第三方评价组织共同构成评价主体，有助于消除主管部门的利益倾向带来的服务绩效目的性和服务质量评价的短视性，将服务活动的利益相关者多元化，进而从多维角度对农村公路的服务质量进行评价（陈国权，2005）。

农村公路服务作为一种公共服务，其服务的根本目的是直接满足广大农村用户的交通运输需求，因此从用户角度以其对公路服务的感知质量进行评价理应成为首选，即用户要成为第一评价主体。但是，综合考虑我国农村公路部门在公路服务的生产和提供过程中以公路交通基础设施和附属设施的投入为主，用户在接受服务的过程中较少与服务人员发生接触，所有服务设施和服务环境对农村公路服务质量具有决定性的影响。农村公路用户对有形的服务设施及环境的评价往往会受其经验经历、认知能力和主观思维的影响，从而影响服务质量评价结果的客观性和公正性。因此，在农村公路服务质量的评价主体选择时应该以农村公路部门的内部评价结合用户为主的服务质量感知评价，对整个服务设施、服务环境、服务环境、服务管理以及服务传递过程中用户的体验等系统进行详细分析与测评，将评价结果划分出等级，以利于奖优罚劣，不断促进服务水平和服务质量的提高。

值得注意的是，第三方评价和多元评价是公共服务评价的发展趋势，考虑到目前我国行政管理体制和利益相关者参与治理的实际情况，以及两种评价方式的实际可操作性及社会的认可情况，本书选择"农村公路部门－用户"二元评价主体对农村公路服务质量进行评价，等待将来时机成熟，行政管理环境规范化、制度化，第三方评价机构的专业水平和公信力有效提升后，可转换到以第三方和多元主体为主对农村公路服务质量进行评价。

5.2.3 评价模型构建

现有文献中，对公共服务服务质量评价模型的研究比较少，大多数学

① 包国宪，张志栋. 我国第三方政府绩效评价组织的自律实现问题探析 [J]. 中国行政管理，2008（1）：49－51.

者都认为公共服务主要由政府部门提供，缺乏竞争性，垄断特性比较明显。白长虹、陈晔（2005）首次在总结国内外学者对公共服务质量发展相关问题研究成果的基础上，探讨了 SERVQUAL 模型在公共服务领域应用的可能性，初步提出了基于供能质量和过程质量二维度的公共服务质量评价模型，并对 SERVQUAL 的量表进行了改进，通过实证分析验证了评价模型的可操作性，得出公共服务部门除了要关注顾客直接可以感受到的服务表现外，更要注意自身可以控制的服务流程与服务标准。这种观点和本书所倡导的要同时基于农村公路服务部门和用户两个维度分别去关注、测量服务的表现和服务的提供过程是不谋而合的。

根据本书第 3 章农村公路服务质量形成机理模型和第 4 章建立的"农村公路部门—用户"的服务质量评价指标体系，农村公路服务质量评价模型将由两部分组成：一是用户感知农村公路服务质量评价模型，二是农村公路部门支持的服务质量评价模型。其中，用户感知的服务质量包括道路质量、安全质量、信息质量、环境质量、行为质量、紧急救助质量以及成本费用 7 类要素，反映了农村公路服务质量内涵的功能性、经济性、安全性、时间性、舒适性和文明性 6 类根本特性（见图 5 - 4）；农村公路服务部门支持的服务质量包括人员质量、管理质量、设施质量、信息质量和流程质量，总体反映了农村公路服务质量的技术质量和功能质量（见图 5 - 5）。因此，本书提出了基于"用户 - 农村公路部门"评价主体的多层多维的农村公路服务质量评价模型，如图 5 - 6 所示。

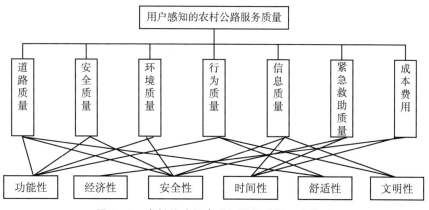

图 5 - 4　农村公路用户感知服务质量理论模型

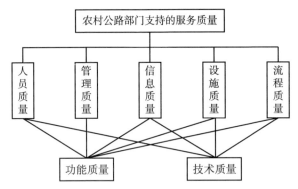

图 5-5 农村公路部门支持的服务质量理论模型

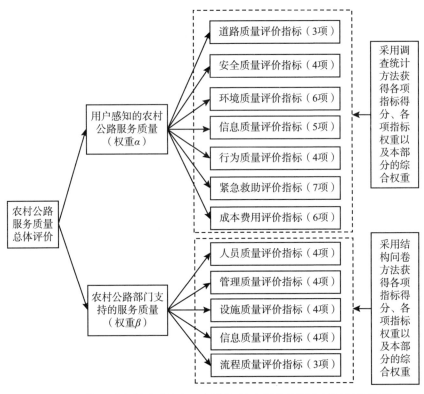

图 5-6 基于"农村公路部门-用户"的农村公路服务质量评价模型

5.2.4　模型中指标权重的确定

评价模型中涉及指标权重，因此要选择相应的数量方法进行赋权，除了专家打分、层次分析法这几种主观赋权方法外，常用的客观赋权方法有主成分分析法、因子分析法、结构方程模型、熵权法等。

1. 层次分析法（AHP 法）

AHP 法是用相对标度把人的主观判断进行客观量化、将定性问题进行定量分析的简单实用多准则评价决策方法。运用 AHP 法进行指标权重分析时，主要经过以下环节。

（1）按照建立起来的评价指标体系中每个具体指标的逻辑关系，采用层级式结构表示这种指标体系。通过分析服务质量评价指标体系所包含的各类指标及指标间的相互关系，将这些指标分为不同的类别与不同层次，形成多元多层次的评价指标分析结构框架。该框架中一般包括评价目标层、评价准则层、评价指标层和评价方案层。每一层都是由若干要素（指标）构成，各层次间的递阶结构可以用递阶层次结构图来表示。图 5-5 中农村公路服务质量总体评价即为评价目标层；用户感知的服务质量和农村公路部门支持的服务质量即为评价准则层；两准则下共 12 类指标构成了评价指标层；而具体获得每项指标的方法就形成了评价方案层。

（2）除评价目标外，将每一层评价指标相对于它上级指标的重要性进行两两比较，得到一个直观判断指标间比较结果的判断矩阵。假设某一个指标有 n 个影响因素 C_1，C_2，$\cdots$，C_n；对 C_i 和 C_j 的相对重要性进行两两比较判断，得出 C_{ij}，构成判断矩阵 A。心理学研究表明，普通人能两两比较的元素或指标一般不超过 9 个，对其进行标度 1~9 就能反映评价者的心理偏好，具体的标度含义见表 5-4。

表 5-4　　　　　　　　　　判断标度的含义

标度	标度含义
1	表示两个指标相比，具有同样重要性
3	表示两个指标相比，前者比后者稍重要
5	表示两个指标相比，前者比后者明显重要

标度	标度含义
7	表示两个指标相比，前者比后者强烈重要
9	表示两个指标相比，前者比后者明显极端重要
2，4，6，8	表示两个指标相比，在上述两个相邻判断值的中间值
倒数	若指标 i 与指标 j 的重要性之比为 α_{ij}，则 j 与 i 的重要性之比为 $\alpha_{ji} = 1/\alpha_{ij}$

在每一个判断矩阵中，都要进行 $n(n-1)/2$ 次的比较，通过两两比较可以集中评价者提供的更多信息，其中一些的模糊判读不会影响整体判断，更不会导致不合理的排序；而且在这种排序判断中，通过一致性的检验可以避免评价者的判断错误。

（3）用得到的判断矩阵计算比较指标对于该准则的相对权重，权重计算方法中最实用的就是特征根法。这种方法就是求解并判断矩阵的特征根问题。由 $AW = \lambda_{max} W$，计算出对应的最大特征值 λ_{max} 的特征向量 W，归一化后得到权重向量。此外，要进行判断矩阵一致性检验，先算出一致性指标 $CI = (\lambda_{max} - n)/(n-1)$，查表可知随机性指标 RI 值，再计算出一致性比例系数 $CR = CI/RI$。若 $CR < 0.1$，则认为判断矩阵的一致性较好，否则要重新得出判断矩阵。

（4）计算各层指标对评价体系总体目标的合成权重，并进行排序。各层指标的组合权重按递推公式 $W^k = (W_1^k, L, W_n^k) W^{k-1}$ 得出，公式中 W^{k-1} 是已合成出的第 $k-1$ 层上 n_{k-1} 个指标对于评价总目标的组合权重向量。(W_1^k, L, W_n^k) 为权重矩阵，其第 j 列 W_j^k 为第 k 层上 n_k 个指标对于第 $k-1$ 层上第 j 个指标单排序权重向量，不受 j 支配的元素权重为零。

在权重确定的过程中，要消除专家或评价者在判断过程中标度混淆和主观判断误差等因素造成的扰动，这时要通过引入扰动矩阵来对判断标度进行调整，减小扰动因素的干扰，逐渐达到判断矩阵的满意一致性。

2. 主成分分析法（PCA）

主成分分析法的原理就是研究在一组变量数据中如何通过使用几个典型变量（主成分）来解释全部变量状态的方差 – 协方差的分析结构，由于降维的工作原理和多指标评价中指标序化的思想是一致的，被广泛地应用于社会学、经济学等问题评价。PCA 的实质是将多维或者高维数据降为低维数据，使观察者能够清晰直观地了解数据结构，以便进一步进行聚类分析、因子分析、回归分析等，达到更近一步的研究目的。

3. 结构方程模型

结构方程模型本是讨论潜变量（结构变量）与显变量（观测变量）关系以及潜变量之间关系的多元统计方法。利用结构方程模型对潜变量进行测量与评价的基本过程为：首先，采用路径图的方式描绘出潜变量与显变量之间的路径关系，初步拟合出线性关系表达式；其次，采用两步法、MIMIC 法等判断建立起来的线性关系模型是否成立；再次，如果判断通过，则采用最大似然估计法和最小二乘法对结构方程模型进行估算；通过对模型中各个参数进行检验、对结构方程的测量方法进行检验、对结构方程拟合度进行检验等，观察已建立起的模型是否能对现实数据进行解释；最后，如果经检验发现模型的效果不是很理想，需要进一步对模型进行修正，直到通过全部检验并能很好地解释数据为止。

在农村公路服务质量评价方面，也可以采用结构方程模型验证因子分析的一阶或二阶模型，如图 5 - 7 所示。其中的观测变量是经过指标筛选后的可操作的指标，均为反映型指标。经参数估计后将求出的载荷进行归一化处理就可以得到各个指标的权重。

4. 熵权法

熵，本是热力学中表示物质状态的一种参数变量，用以反映物质在发生变化过程中的不可逆。1948 年，香农（Shannon）将热力学的概念"熵"引入信息论，又称为信息熵。[①]

熵权法的基本思路是根据指标变异性的大小来确定客观权重。

一般来说，若某个指标的信息熵指标权重确定方法之熵权法越小，表明指标值的变异程度越大，提供的信息量越多，在综合评价中所能起到的作用也越大，其权重也就越大。相反，某个指标的信息熵指标权重确定方法之熵权法越大，表明指标值的变异程度越小，提供的信息量也越少，在综合评价中所起到的作用也越小，其权重也就越小。熵权法的工作流程如下。

（1）数据标准化。将各个指标的数据进行标准化处理。假设给定了 k

---

① C E Shannon. A Mathematical Theory of Communication ［J］. The Bell System Technical Journal，1948（27）：379 - 423，623 - 656.

个指标 X_1，X_2，…，X_k，其中 $X_i = \{x_1，x_2，…，x_n\}$，假设对各指标数据标准化后的值为 Y_1，Y_2，…，Y_k，那么 $Y_{ij} = \dfrac{x_{ij} - \min(X_i)}{\max(X_i) - \min(X_i)}$。

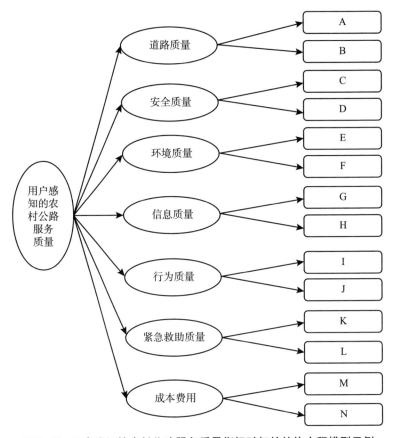

图 5 – 7   用户感知的农村公路服务质量指标赋权的结构方程模型示例

（2）求各指标中的信息熵。根据信息论中信息熵的定义，一组数据的信息熵 $E_j = -\ln(n)^{-1} \sum\limits_{i=1}^{n} p_{ij} \ln p_{ij}$。其中 $p_{ij} = Y_{ij} / \sum\limits_{i=1}^{n} Y_{ij}$，如果 $p_{ij} = 0$，则定义 $\lim\limits_{f_{11} \to 0} p_{ij} \ln p_{ij} = 0$。

（3）确定各指标权重，进而可以计算出每个评价指标的信息熵为 E_1，E_2，…，E_k。则各指标权重为：$W_i = \dfrac{1 - E_i}{k - \sum E_i}$ $(i = 1，2，…，k)$。

由此可见，熵权法的权重确定思路就是当评价指标的信息量大时，被评价的对象在该项指标上的分差越大，熵值越小，熵权越大，显示该指标能够反映的决策信息也就越多。目前，熵权法已被广泛应用到自然科学、社会科学和人体科学等领域。

综合上述评价指标赋权方法，以专家打分、AHP法为代表的主观赋权方法，操作简便、解释性强，但是客观性较差；主成分分析、结构模型、因子分析等方法虽然客观性强，但是操作和计算过程复杂，有时看起来客观性较强的结论很有可能与实际情况不符。为了最大限度地利用两类调查方法的优势，寻找简洁高效的赋权方法，有效途径就是将两类方法有机地结合起来。

本书采用程启月（2010）提出的结构熵权法。先采用德尔菲法让专家对各类评价指标的重要性进行排序，然后用信息熵的计算原理与方法对"典型排序"结构的不确定性定量分析，计算各个指标的熵值同时对可能产生潜在的偏差数据统计处理，汇总出同一层次各指标的相对重要性排序，进而按照排序的先后及频度确定出同一层各个指标的权重，具体步骤如下。

（1）各个指标的专家意见排序。按照德尔菲法规定的程序和要求，把若干名专家的反馈结果填入"指标体系权重专家调查表"（见表5-5），最终形成的专家对各个评价指标的重要性排序。

表5-5　　　　　　　　测评服务质量评价指标重要性排序

评价指标	专家序号	第一选择	第二选择	第三选择	第四选择	第五选择	第六选择	第七选择
道路质量	1	1、6、2、10	4、8、5、3	6、9、7				
安全质量	2 3		……					
环境质量	4			……				
信息质量	5			……	……			
行为质量	6					……		
紧急救助质量	7 8 9						……	
成本费用	10					10、7、5、9	3、6、1、4	2、8

注：表中每一个交叉处填写的数字代表相应的专家序号。

（2）隶属度计算 $X(I) = -\lambda p_n(x)\ln p_n$

其中，令 $pn(I) = (m - I)/(m - 1)$，代入上式，得
$$\mu(I) = \ln(m - I)/\ln(m - 1)$$

（3）隶属度矩阵计算 $B = (b_{ij})_{k \times n}$

（4）平均认识度计算，记作 b_j，
$$b_j = (b_{1j} + b_{2j} + \cdots + b_{kj})/k$$

（5）认识盲度计算，记作 Q_j，令 $Q_j = I\{[\max(b_{1j}, b_{2j}, \cdots, b_{kj}) - b_j] + [\min(b_{1j}, b_{2j}, \cdots, b_{kj}) - b_j]\}/2$

（6）总体认识度计算记作 x_j，$x_j = b_j(1 - Q_j)$，$x_j > 0$

（7）得到全部指标的权重向量矩阵 $w_j = x_j \Big/ \sum(x_j)$，$W = (w_1, w_2, \cdots, w_n)$

5.2.5　评价结果的汇总及说明

农村公路部门支持的服务质量指标分值的百分制换算：直接使用每项指标实际得分除以该项指标的满分再乘以 100%。

将两部分的百分制分数加权后就得到待评价对象的农村公路服务质量百分制得分：

某省（市、县、乡）农村公路服务质量评价分值 $= \alpha \times$ 用户感知的农村公路服务质量得分 $+ \beta \times$ 农村公路部门支持的服务质量得分

分值换算完成之后，要对评价结果进行总体评价，即得分在多少的时候为优秀、良好、合格、需要大力改进等。这里分两种情况。

第一，如果只是对某区域内的农村公路服务质量进行评价，不牵涉在上一级行政区域内从事服务质量评比工作时，可以直接采用得分在 60~69 分为及格、70~79 分为中等、80~89 分为良好、90 分以上为优秀这种传统的评价办法。

第二，如果涉及用于比较不同地区农村公路服务水平，例如比较同属于某市的县区之间的服务质量差异时，由于各地资源条件和发展水平不一，一刀切地使用诸如 60~69 分为及格、90~100 分为优秀的评价标准有可能无法真实反映各地农村公路的实际服务情况，甚至造成感觉不公平的现象发生。因此，为了对结果进行有效的分析与评价，可以采用前述在指

标筛选相关内容中提到的马田系统中的马氏距离作为判断评价结果等级的方法。马氏距离的判定可以借助 TOPSIS 原理[①]进行：将所有样本的每个指标的最大值集合在一起，定义为正理想点 O，当待评价样本指标值都为这些理想值的90％时，此样本到理想点的距离为 $D1$，则 $D1$ 为优秀阈值；当指标值为理想点的75％时，此样本到理想点的距离为 $D2$，则 $D2$ 为良好阈值；当指标值为理想点的60％时，此样本到理想点的距离为 $D3$，则 $D3$ 为合格阈值；小于60％为不合格。因此评价结果就可以归集为优秀、良好、合格和不合格四类。

阈值 D 的计算公式为：$D = \sqrt{\dfrac{1}{k}(Y-\mu)'\sum{}^{-1}(Y-\mu)}$，其中 k 为基准空间的维数。

经计算得出 $D1$、$D2$、$D3$ 三个点的阈值后可以建立马氏距离与百分制之间的回归方程，就可以得到用于比较评价的最终结果，以利于服务质量相对较低的区域改进和服务质量提高，服务质量相对较高的区域受到肯定及继续保持和提升服务质量。

5.3　农村公路服务质量评价调查方法

5.3.1　常用评价调查方法

按照社会学研究方法论的观点，由于服务质量的研究主题是社会问题，研究的方法也是基于可实际感知的有关资料的，所研究的问题的答案不是是非判断标准，而是回答"是什么""为什么""怎么办"。因此，在研究方式上由调查研究、实证研究、实验研究和文献研究组成。服务质量评价是一个现实性非常强的研究领域，无论是作为社会科学领域的一个组成部分，还是前文文献回顾和理论分析的结论都要求在实地调查的基础上进行实证研究。考虑到农村公路服务质量评价的主要相关利益群体是用户和农村公路部门，可供选择的调查方法主要有：抽样调查、问卷调查和访

① Hwang C L，Yoon K. Multiple Attribute Decision Making：Methods and Applications ［M］. New York：Springer-Verlag，1981.

谈等方法。

1. 抽样调查

抽样调查是统计调查的一种常用方式，它是与全面调查相对应而言的。是指按照一定的比例和方法从被确定的全部调查对象中抽取部分样本进行调查，经过统计分析计算后推断全部调查研究对象实际情况的调查方法。抽样调查虽然只调查了一部分对象甚至是很少一部分，但是这种方法可以取得反映总体情况的一手资料。根据抽样的方法，抽样调查可以分为非随机抽样、随机抽样两类。非随机抽样也叫主观抽样，是根据调查研究人员的调查目的、个人的主观选择，有条件的在总体中抽取调查样本的方法；随机抽样也叫概率抽样，是按照概率论和数理统计的方法从全部总体以概率的方式，随机抽取调查样本进行调查，根据样本的数据情况去推断总体的特征。

这种方法最大的特点是不用调查全部被调查对象，省时省力，经济性较好；根据概率论和数理统计理论与方法进行的抽样，有严密的数学、统计理论支持，调查结果可以较高准确度地推断总体的特征情况，准确性较高；在调查方案设计上，抽样调查简便可行、工作强度适中，调查结果也能接近总体的实际情况，实效性较强；在社会科学领域，绝大多数问题都要以全社会或全部人口作为调查研究对象，全面调查不仅经济成本高、费时费力，而且几乎不可行，所以选择抽样调查方法，既符合调查研究人员的实际能力情况，有可以在各个方面得到应用，适应面较广。所以，现在理论界和统计工作领域普遍认为抽样调查是除了全面调查以外能够代表和推算总体特征的最严密、最科学的调查方法。

2. 问卷调查

问卷调查也是一个社会调查的方法，根据研究主体和研究目的的需要，采用设计好的问卷来向被调查者获取信息和资料，根据问卷的回答情况，进行汇总分析，去支持其研究结论或证明某种观点。一般来说，研究人员以设计好的统一格式和内容的问卷向被调查者发放，向其了解情况或者收集其意见态度等。问卷调查是书面调查的一种主要形式，在开始问卷调查前，研究人员要按照一定的结构严格设计调查问卷，然后将问卷以信函、邮件或当面的形式发放给被调查对象，从而得到被调查对象对问卷主题的看法和意见。问卷调查通常需要有一定的调查数量，以保证被调查者回答的信息具有一般性和代表性。因此问卷调查比较适合调查内容较多的情况，不适合直接面对面调查的情况，主要适用于调查研究特定调查对象的态度、需要、满意度、目的、行为习惯、观点、人口统计信息等，不适合调查探索被调查对象的模糊需求。

在进行问卷调查设计时，为了保证被调查人员的准确理解和调查工作的有效性，在设计问卷时必须注意全部问卷问题（测度项）满足以下三个条件。

（1）问卷中每一个测度项必须能够反映理论变量，以保证问卷调查有效性。

（2）每个调查对象都能对所有测度项做出清晰、可靠的回答，以保证问卷调查的可靠性。

（3）不同调查对象对同一个测度项的理解一致，以保证问卷调查的普适性。

3. 结构访谈与非结构访谈

访谈属于社会调查中以访谈形式进行的一种调查方法，按照访谈前是否准备相应的访谈提纲，访谈可以分为结构访谈与非结构访谈。

首先，结构访谈是指研究人员在访谈被访者之前，提前拟定好比较详细的访谈提纲，根据访谈提纲的内容和顺序对被访者进行访谈。这种调查方法的优点：提前准备好了提纲，可以使被访者的回答趋向于事先设定好的答案框架，便于资料袋收集汇总，也可以做进一步的定量分析。规定好的访谈问题能够有效避免访谈时偏离主题。由于有统一设计好的访谈提纲，研究人员可以较容易的培训访谈工作人员，让这些工作人员按照访谈提纲无遗漏的完成访谈任务，可以扩大访谈的时空范围以及对象范围。为了确保访谈的有效性，在进行结构化访谈提纲设计时要尽可能地减少开放性问题的比重。

其次，非结构化访谈是与结构化访谈相对应的一个概念。这种情况下，访谈者不事先准备访谈提纲，而是围绕研究的问题与目标与被访者进行比较自由的交谈，这样可以得到更多的信息。该方法的优点是自由度高，会获得很有价值的信息，常用于探索性的研究之中。但是，这种方法对访问工作人员的要求比较高，要能充分理解调查目的，对要访问的范围和主题非常熟悉；同时，受访问者与被访问者之间的交互关系的影响，访问者还要具备较强的人际交往与沟通能力。因此,进行非结构访谈的关键是要做好访谈准备并将访谈记录工作做好。

最后,相比较其他调查方式,访谈这种方法的调查费事费力;受访谈者语境的影响,被访者可能会较不真实地反映自己对问题的看法,甚至处于保护自身和信息保密的考虑,不愿意提供关键性、敏感性资料。

综上,结合已有的服务质量根本属性的研究以及服务质量评价的原则与技术路线,根据本书研究的重点,笔者认为对农村公路服务质量评价的调查是一项定性调查与统计调查相结合、描述性调查和解释性调查相结合的工作,根据对农村公路服务质量形成过程及服务质量特性的认识,本书以问卷调查为主,辅以结构性访谈的抽样调查方式完成全部所需调查指标数据的获取工作。

5.3.2 农村公路服务质量评价调查思路与方法选择

本书是针对具有公共产品属性的农村公路服务质量评价研究,其服务质量评价指标体系分为用户感知的服务质量评价指标和农村公路部门支持的服务质量指标,由于质量形成机理不同,其评价指标的调查思路、目标、方法都应该具体对待。根据前述研究基础和调查方法的初步确定,本节评价思路与方法的解决分为两个环节:区分两种质量评价指标的调查对象与目的、分别制定相应的调查方法。

1. 确定调查对象与目的

农村公路服务用户感知质量调查的对象是用户对农村公路服务的实际感受和服务期望,是以直接获得用户对农村公路服务质量的感受为目的的。首先,要设计服务质量评价的调查问卷,问卷的设计内容和逻辑框架要按照用户接受农村公路服务的全过程来进行,要能涵盖用户所关注的服务质量维度;用户在接受问卷调查时,可以直接根据问卷的测度项清楚地回答出自己在接受服务的过程中和服务结束后对服务质量的感受,从而可以对用户感知的农村公路服务质量进行整体性的把握和认识。

对于农村公路部门支持的服务质量调查对象是农村公路部门的管理人员和工作人员,通过问卷或访谈调查了解作为公共部门在开展和传递农村公路服务的过程中投入的人员、管理、设施、信息及服务流程等要素情况。这是一个较复杂传递系统，为了获得便于统计分析的答案，关于本部分的问卷也主要是基于结构化的访谈问卷，调查者可以有效根据被访谈人员的回答对应找出相应的答案选项和分值，进而对本部分的服务质量获得比较清晰的感知。

2. 开展调查

对于用户感知的服务质量调查，仍然主要是基于问卷调查。在这个过程中，问卷设计是调查工作的关键。结合已有的文献研究，成熟的李克特量表法是问卷调查中最方便被调查对象回答，又能够很好地区分出分值比例的评分加总式方法，被调查者回答完所有的测度项之后，就可以立刻得到感知服务质量的总分情况，非常直观。因此，本书采用李克特量表法进行问卷的设计，并将每一题项按照被调查者的实际意见进行打分，用来记录用户对农村公路服务的主观感知。

对于农村公路部门支持的服务质量调查，出于职能分工的原因，农村公路服务工作有多个职能部门配合完成，为了简化工作，高效率地完成这部分调查，采用结构性访谈和进入农村公路部门中去实际调研有关负责人和一线的服务作业人员来获取内部相关数据，然后使用一定的技术方法进行信息处理。也可以采用研究人员根据服务质量各要素情况到相关部门进行访谈，同时结合对有关工作人员的问卷调查方式进行，在调查过程中要注意区别同一问项负责人和工作人员的不同回答，找出差异原因，确保此部分调查的质量。

5.4　评价的组织实施

评价模型与评价方法确定之后，为了更好地开展农村公路服务质量评价工作，要进一步对评价活动的组织实施从评价目标的设定、评价范围的确认、评价数据的收集方法、服务质量的测评、评价数据的深入分析、评价结果与相关信息的反馈与持续跟踪等做出较明确的规定与安排。农村公路服务质量评价组织实施机理如图 5-8 所示。

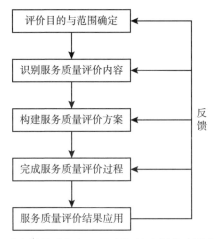

图5-8 基于"农村公路部门-用户"的农村公路服务质量评价组织

5.4.1 确定评价目标与范围

对于公共产品或公共服务的质量评价来说，评价的目的性与评价范围的确定至关重要。如果只是将评价视同对农村公路日常管理工作的考评，就失去了评价活动的本来目的，变得毫无意义。因此在开展农村公路服务质量评价时要将目标设为切实推进农村公路的建设与发展，充分发挥农村公路在经济社会发展中的重要作用，提高农村公路整体服务能力与服务质量，只有这样才能切实有效地提高用户对服务质量的感知。由于评价工作纷繁复杂，工作量较大，不适合频繁举行，因此可以根据要评价范围的确定，确定适宜的评价频度。按照目前的农村公路管理方式可以将评价范围确定为两种类型：省级范围和市级范围。其中省级范围主要是指全省辖区内各级地市负责进行本市管辖行政区划内的农村公路服务质量评价；市级范围主要是指由下属各县（区）负责进行本县（区）管辖的行政区划内的农村公路服务质量评价。

5.4.2 识别评价内容

根据本书研究确定的评价内容，各市、各县（区）开展的农村公路服务质量评价内容可以根据实际情况进行相应的增减与修改，但变动后一段时期内不得轻易做出调整，以保证评价的连续性和稳定性。例如山区和平原地区的农村公路在服务过程和用户对服务质量的要求往往是不一样的，这时就要做适当微调。

5.4.3　构建服务质量评价方案

评价方案主要包括评价工作的管理制度、评价指南与操作手册、评价结果的汇总分析方案等。其中，应以行业主管部门或各级政府的身份发布相应的评价办法或管理制度，编制相应的评价指南与操作手册，确定使用何种方法、方式、技术、手段对评价结果进行汇总分析和数据挖掘等；同时，对评价工作所需的各种资源进行合理配置，以确保评价工作的顺利开展。

5.4.4　服务质量评价过程

根据农村公路服务质量评价办法及相应的指南手册等开始定期或不定期地开展服务质量评价，在评价过程中要采取相应的技术手段验证指标数据收集过程的真实性和可靠性，数据收集后进一步的信度与效度检验，并选择相应的数据分析方法保证数据科学、有效地满足评价目标。

5.4.5　评价结果的应用

最后一步就是编制农村公路服务质量评价分析报告，报告要在农村公路服务质量管理方面取得的成绩和存在需要改进的地方做出分析与说明，建议使用本章提到的 Kano 模型和 IPA 定位法的有效结合。同时，对评价过程中出现的问题与建议进行反馈，以利于下一轮的评价工作开展。

5.5　本章小结

本章在前一章的"二元"评价指标体系框架基础上，通过对两类指标的评价思路对比分析，分别构建了用户感知的农村公路服务质量评价模型和农村公路部门支持的服务质量评价模型，并且对各类指标的权重问题及赋权方法进行了比较研究，最终确定了用结构熵权法作为用户感知农村公路服务质量权重的评价方法，用主观赋权和客观赋权法确定农村公路支持服务质量指标权重的评价方法。本章的主要研究工作如下。

（1）确立了农村公路服务质量评价模型建立的框架思路，描述出一个可操作性较强的农村公路服务质量评价方法，并将要评价的内容进行分解，分别讨论，分别评价，最后将各部分评价结果合并，形成总体评价结果。

（2）结合农村公路服务用户导向与公共导向特征，明确了服务质量评价的原则与评价模型构建流程。

（3）在对常用服务质量评价方法进行评析的基础上，结合农村公路服务质量的形成机理，确定了以"用户 – 农村公路部门"二元评价主体的农村公路服务质量评价模型，并对模型中各类指标应使用的权重确定分析方法做了分析与说明。

（4）初步描述了我国农村公路服务质量评价的组织实施过程。确定评价目标与范围，识别服务质量评价具体内容，构建服务质量评价方案，服务质量评价过程以及评价结果的应用等。

第6章　农村公路服务质量评价实证研究

——基于S省的调研数据

前述几章从理论与实证的角度论述了农村公路服务及服务质量的内涵与形成机理，探讨了可用于服务质量评价的"用户－农村公路部门"的农村公路服务质量评价指标体系，建立了农村公路服务质量评价模型与评价方法。本章将基于得到的评价方法将用户对服务质量的期望和实际感知的比较作为用户对每一个指标测量项目的评价结果，该结果用满意度的大小来表示；同时对农村公路部门进行调查评价，获得农村公路部门支持的服务质量评价结果，最终获得农村公路服务质量评价的总体结果，进而对进一步提高农村公路的服务质量水平提出相应的建议。本章实证数据全部来自对S省农村公路的实际调研。

6.1　S省农村公路建设发展概况

S省位于我国中部地区典型山地高原地带。土地面积 15.67 万平方千米，境内山地、丘陵面积约占全省 80.1%。2021 年人口 3 480.48 万人，共有 11 个地级市、26 个市辖区、11 个县级市、80 个县、579 个镇、610 个乡、22 391 个行政村。矿产资源、动（植物）资源丰富，近年来转型发展成绩明显，经济增长态势良好，但各地区间差异较为显著。20 世纪 90 年代，S省人民发扬革命精神，自主开展农村公路修建工作，使农村交通面貌发生了深刻变化。

6.1.1 S省农村公路建设历程

从 20 世纪末开始，S 省采取了各种措施，不断创新、用于探索，在财政资金相对紧张的情况下，在农村公路建设和发展方面探索出了一条特色明显、成就显著的建设发展之路。S 省农村公路的建设历程大体上可以分为三个阶段。

第一阶段（20 世纪 90 年代至 21 世纪初）——明显改善

这个阶段，S 省人民和各级政府克服了财政资金不足的困扰，采取政府推动、政策调动、典型带动和舆论带动的方式，多方破解资金不足的难题，出台了《加快农村公路建设实施意见》等政策，到 2003 年底该省通村水泥路建设就完成投资 35 亿元，通油路的乡镇达到 1 130 个，通达率为 94.3%；通公路的行政村达到 29 368 个，通达率为 96.15%，村通水泥路（油路）比例达 61.46%，极大地改善了广大农村的交通面貌。

第二阶段（21 世纪初到"十一五"末）——全覆盖

进入"十五"以来，S 省政府除了继续加大对农村公路建设的资金投入外，还相继通过出台有关政策、法规、制度、办法等确保农村公路建设再上一个新台阶。"十五"和"十一五"期间，S 省确立了以"村村通"为核心的农村公路全覆盖工程，党中央、国务院、国家交通运输部和 S 省委、省政府把农村公路建设作为支持"三农"的重大政策措施来抓，不断加大对农村公路建设的投入，全省农村公路建设呈现出进展快、标准高、服务好的新特点。从 2004 年开始，S 省人民政府将农村公路建设列入政府为民办实事工作中，大力支持农村公路建设。这一时期先后出台了《S 省县际及农村公路改造工程管理办法》《S 省县际公路改造工程管理实施意见》《S 省农村公路改造工程管理实施细则》《关于农村公路管理养护体制改革的实施意见》《S 省农村公路养护管理实施细则》《S 省农村公路技术标准》《村通水泥（油）路建设标准》和《村通水泥（油）路建设施工指南》等一系列规章制度。到 2010 年底，S 省农村公路通车里程达到 11.6 万千米，全面完成了"村村通"工程，大部分地市实现了"全覆盖"。

第三阶段（"十二五"至今）——提档升级

这一时期，S 省主要围绕城乡公交客运一体化、大力发展通村客运，启动了农村公路的提档升级工程，发布了《S省交通运输厅公路路网结构改造工程管理办法》，重点完成一批农村公路的改扩建工程、完成农村街巷硬化全覆盖工程、重点解决通返不通与通而不畅的路段；打好连片特困地区交通扶贫攻坚战；全面加强养护管理，出台了《S省农村公路条例》和《S省交通运输厅车辆购置税投资补助农村公路建设计划管理实施细则》等法规制度，在大力推进农村公路建设质量的同时，解决长期以来形成的重建轻养的难题。2012年，S省农村公路建设步伐进一步加大，建成农村公路120 668千米，新增通水泥（油）路建制村932个，全省县公路优良率达到80%以上，乡村道路路面完好率达到80%以上。农村公路管理养护工作取得较大进展；全面完成了建制村通水泥（油）路"全覆盖"建设目标，进而形成了县城通高速、乡村通油路、城乡互通、村村连通的农村公路网，实践了政府对于全省人民的承诺，在完善农村公路网络构架的同时使得公路养护水平提升到更高层次。到2013年底，S省农村公路通车里程达到12.18万千米，占公路总里程的87.36%，全部乡镇和全部具备条件的建制村实现了通公路，实现了具备条件的建制村街巷硬化全覆盖，在全国率先实现了"两通一硬化"（村村通水泥路、村村通客车、农村街巷硬化），较好地完成了县、乡、村间公路交通网络的构建工作。"十二五"末，S省农村公路通车里程达到12.3万千米，占全省公路通车总里程的87.5%，农村公路等级公路新增8262千米，极大地改善了农村生产生活条件，促进了农村经济社会发展和农民脱贫致富。

2018~2020年，S省采用"政府补助+PPP""政府补助+债券+PPP"等新型融资建设模式，共筹措资金292亿元，有效地破解了资金难题，"四好农村路"发展取得显著成效。2020年，S省发布《关于深化农村公路管理养护体制改革的实施意见》，将农村公路列养率、农村公路养护机构设置率、机构运营经费纳入财政预算比例三者目标定为100%，中等及以上农村公路占比不低于80%。

"十三五"末，全省广泛覆盖县、乡、村的农村公路网络体系基本形成，农村公路通车总里程达到12.6万千米，全省1 189个乡镇中1 108个已通三级及以上公路，26 420个建制村100%通硬化路、100%通客车。

到2025年，S省将基本建成"布局合理、通村畅乡、安全便捷、服务优质、绿色经济"的"四好农村路"网，实现较大人口规模（30户及以上）自然村通硬化路100%，乡镇通三级及以上公路100%，城乡客运一体化水平达到3A以上的县占比100%，基本实现具备条件建制村通物流快递。到2035年，S省农村公路服务乡村振兴战略能力明显提升，形成品质高、网络畅、服务优、路域美的农村公路交通运输体系和高质量发展格局。

6.1.2　S省农村公路服务现状

表6－1展示了2005年以来S省农村公路的发展及构成情况。

表6－1　　　　　　**2005～2020年S省农村公路构成情况**　　　　　单位：千米

年份	公路通车里程	县道通车里程	乡道通车里程	村道通车里程
2005	98 809.3	16 477	38 786	43 546.3
2006	102 510.8	17 290.7	39 915.7	44 944.4
2007	119 868.6	18 104.3	41 045.3	46 324.5
2008	124 772.9	18 784.5	44 326.6	47 156.3
2009	127 330.1	19 289.6	45 215.2	47 929.1
2010	131 643.9	19 630.9	46 703.2	49 662.0
2011	134 808.1	19 918.9	47 825.5	50 425.7
2012	137 771.0	20 068.3	48 259.0	51 819.2
2013	139 433.5	20 205.5	48 717.4	52 891.9
2014	140 436	20 391	48 854	53 529
2015	140 960	20 467	48 740	54 203
2016	142 065.6	19 961	48 896	54 865
2017	142 855	19 906	48 911	55 621
2018	143 326	19 887	48 561	56 296
2019	144 283	19 944	48 331	57 349
2020	144 323	20 383	47 620	57 661

目前S省农村公路服务质量现状及存在如下主要问题。

（1）农村公路路网延伸仍有较大提升空间。乡镇和建制村通硬化路的比例已经达到 100% ，但是，进村入户的村内道路延伸还有很多空白点。村内道路和农村公路与干线公路的有机衔接不够。

（2）农村公路设施提档升级需求紧迫。以 2020 年为例，县乡村道绿化里程占比分别为 73.5%、46.04%、27.5%，许多连接特色农村旅游、森林旅游、生态旅游、扶贫旅游景点的公路技术等级低，路面质量较差，农村旅游公路服务水平整体偏低，达不到便捷舒适的行车要求。

（3）农村公路在服务三大旅游板块主通道，有机接驳铁路、公路、航空，构建综合旅游交通网上功能较弱。现有旅游公路尤其是三四级的农村公路路段对景区的标志和指引体系不完备，对一些自驾游个性化出行等缺乏相应的咨询和引导标识，不能满足人民群众的个性化、多样化需求。

（4）农村公路安全隐患仍然较多。由于工期等原因，农村交通安全设施与道路建设主体工程同时设计、同时施工、同时投入使用制度往往不能够严格落实，农村公路安全设施和交通秩序管理精细化往往滞后，在一些急弯陡坡、临水临崖、路侧险要、平交路口和低荷载等级桥梁等地方存在安全隐患有待排查和整治，暴雨洪水后的农村公路灾后修复或重建往往由于资金不到位不能得到及时完成。

（5）农村公路服务管理水平有待进一步提升。没有体现高质量，未建立以质量为核心的农村公路建设运营管理的信用评价体系，不能有效地推动农村公路发展从规模速度型向质量效益型转变。目前，县乡村三级的养护管理机制有待进一步加强，农村交通依法治理力量和力度薄弱。农村公路运营效益不佳，主要是农村公路沿线服务设施建设还是不够完备，许多充电、购物、休闲、观光等服务功能有待补充完善。

6.2　S 省农村公路服务质量调研数据统计分析

6.2.1　整体研究方法和问卷设计

基于前述章节的农村公路服务质量形成机理模型、农村公路服务质量评价指标体系以及农村公路服务质量评价模型等概念、技术的确定。本书借与 S 省交通运输厅合作研究项目的契机，按照 SERVQUAL 量表和结构化问卷的基本框架要求和问卷调查的规范性要求，分别设计了 S 省农村公路服务质量调查问卷（用户）和 S 省农村公路服务质量调查问卷（农村公路部门）。

用户问卷由两部分组成：基本信息与调查具体指标。其中，基本信息主要包括调查用户的居住地、性别、年龄、学历、收入、基本出行信息等。调查具体指标部分分为两部分，第一部分是用户感知服务质量七类要素共 35 项指标，按照用户期望与实际感受之差的满意度打分，分值采用李克特量表的 5 级制方法（非常不满意：1 分；不满意：2 分；一般：3 分；比较满意：4 分；非常满意：5 分）。需要说明的是分值的设置没有采用常用的 7 级制，因为在评价指标筛选和问卷前测的过程中，过细的分级打分往往使部分被调查对象难以理解分值之间的差异，造成打分困难；同时影响了填写问卷的速度与效率，影响了被调查对象的参与意愿，经简化后效果大为好转，故最终在正式问卷中采用了 5 级值。第二部分是基于Kano 模型的关于用户对服务质量要素重要性和满意度的调查部分，为提高调查效率，将第一部分的 35 项指标以用户可以直接观察或感受为标准简化合并为 17 项指标，分别以重要性由低到高和满意度由低到高打分，分值也是 5 级制（非常不重要：1 分；不重要：2 分；一般：3 分；重要：4 分；非常重要：5 分）。表 6 – 2 为用户问卷的主要问题结构。

表 6 – 2　　　　　　　农村公路用户感知服务质量调查问卷结构

调查领域	具体指标	涉及问题
基本信息	居住地、性别、年龄、学历、收入、基本出行信息等	用户个人信息
用户感知的服务质量	道路质量、安全质量、信息质量、行为质量、紧急救助、环境质量、成本费用	用户对服务质量的总体满意度；对具体服务质量维度的满意度与重要性的感知
用户对服务质量要素的满意度与重要性评价	道路质量、安全质量、环境质量等	

农村公路部门调查问卷采用的是结构化访谈问卷，也是由两部分组成。第一部分为基本信息部分，主要由被访谈者的基本信息组成，包括被

访谈者的地点、岗位、所在部门以及性别、年龄、工作年限、主要工作任务及内容等组成；第二部分为结构化的问卷部分，主要涉及农村公路部门支持的服务质量维度，为了便于统计，也设计了 5 级制的评价标准，5 分为很好，1 分为很差。同时，为了获取更多关于农村公路建设管理方面的信息，设计了五道非结构性的问题。问卷的主要问题结构如表 6 – 3 所示。

表 6 – 3　　　　　　　农村公路部门支持的服务质量调查问卷结构

调查领域	具体指标	涉及问题
基本信息	岗位、性别、年龄、学历、工作内容等	用户个人信息
农村公路部门支持的服务质量	人员质量、管理质量、信息质量、设施质量和流程质量	具体服务质量维度的满意度
对提高和改善服务质量的建议和想法	加强制度建设、人员管理、信息化发展、对当前农村公路工作的看法和建议等	提高服务质量的意见建议

在设计好问卷的基础上同时根据本书第 4 章、第 5 章确定的服务质量评价总体思路，在对 S 省农村公路服务质量评价时将用户感知的服务质量和农村公路部门支持的服务质量要先分开评价，之后再合并处理。S 省农村公路服务质量评价指标以及评价思路如表 6 – 4 所示。

表 6 – 4　　　　　　　　　服务质量评价整体思路

内容	用户感知服务质量	农村公路部门支持服务质量
指标赋值规范	5 级量表	语义等级赋值法
数据获得方式	问卷调查	农村公路行业专家及管理人员打分
指标赋权方法	结构熵权法	AHP 法和变异系数法
评价方法	线性加权	线性加权

6.2.2　信度与效度分析

两份问卷设计完成后分别进行了信度和效度分析，由于用户感知的农村公路服务质量评价指标体系在建立和筛选前已经在 S 省做过了前测调查，统计分析结果表明，由该类指标构成的调查问卷具有较高的信度和效度，能够比较好地应用于农村公路服务质量评价工作。此次服务质量评价的实证地点还是 S 省，所以就无须再进行信度与效度分析。至于 Kano 模型问卷部分，本书在调查后期进行服务质量提升关键要素识别时专门进行了信度与效度分析，在本部分就不再赘述了。

农村公路支持的服务质量部分问卷使用克朗巴哈 α 系数进行了信度检验，使用 SPSS 19.0 软件计算了农村公路支持的服务质量指标与服务质量之间的克朗巴哈 α 系数，结果为 0.9546，信度非常好。同时采用主成分分析法进行了效度检验，结果表明，KMO = 0.947，Bartlett 球形度检验 p 无限趋近于 0，共有 4 个主要因子的累计方差达到 73.89%，表明问卷效度很好。

6.2.3 两部分指标权重确定

由第 5 章确定的两部分指标的权重确定方法，在正式问卷调查前，采用了专家意见法的 AHP 决策方法分别确定了用户感知服务质量权重 α 和农村公路部门支持的服务质量权重 β 的数值，共选择了 6 位 S 省主管农村公路方面的领导、2 位来自陕西省高等院校和 2 位来自 S 省高等院校的长期研究农村公路绩效、资金管理方面的资深教授组成了专家组，通过电子邮件和访谈的形式，得到了他们对两部分重要性判断的判断结果。最后结合 AHP 决策方法得到了具体的权重数值。确定方法如表 6 – 5 所示。

表 6 – 5 专家对两类指标重要性比较结果

专家序号	1 号		2 号		3 号		4 号		5 号	
UQ	1	3	1	2	1	2	1	2	1	1
DQ	3	1	2	1	2	1	2	1	1	1
专家序号	6 号		7 号		8 号		9 号		10 号	
UQ	1	1/2	1	3	1	2	1	2	1	1
DQ	2	1	1/3	1	1/2	1	1/2	1	1	1

说明：为了表示方便，也为了后期使用 SPSS 软件处理方便，在确定权重时将用户感知的农村公路服务质量简称为 UQ（User Quality），将农村公路部门支持的服务质量简称为 DQ（Department Quality）。

进一步根据 AHP 的群组决策方法，对判断矩阵进行一致性检验后，求出随机一致性比率为 0.0078 < 0.10，通过检验。进而求得 UQ 和 NQ 的权重的特征向量 W = (0.622，0.378)。

6.3 S省农村公路服务质量整体评价

6.3.1 数据采集与量表检验

由于涉及对农村公路部门的结构化访谈，笔者和项目研究小组的其他老师沟通协调后，分享学习了关于农村公路服务质量评价的理论模型、调查思路和调查指标，探讨了相应的调查方法，并对 10 名研究生进行了培训，掌握了问卷调查和结构性访谈的要点、心理准备及基本技巧，并编制了调查工作手册，确保要进行的农村公路服务质量评价调查能够取得预期目的。

1. 用户感知服务质量调查部分

2014 年 7 ~ 8 月，研究小组前往 S 省，分四组五个批次深入到 S 省 10 个地市的县、乡、村进行用户感知农村公路服务质量问卷调研，受访者当场完成问卷填写并回收。共发放问卷 2 200 份，收到有效问卷 1 826 份，有效率为 83%。从性别上看，男性占 66%，女性占 34%，受访者多介于 18 ~ 45 岁（占 62.8%），文化程度多介于高中到大学本科（占 66.3%），职业多为工人、农民、学生（占 68.4%），收入水平主要集中在 1 000 ~ 3 000 元（占 58.7%）。调查对象的基本情况见表 6 - 6。

进一步对收集回来的问卷使用克朗巴哈 α 系数进行信度检验，求得 Cronbach's α = 0.975，表明问卷信度很好。

2. 农村公路部门支持的服务质量调查部分

在用户感知服务质量调查的同时，研究小组根据在调研过程中各地农村公路主管部门的配合情况以及曾经的合作历史，完成了对 S 省 D 市、J 市、S 市、X 市、Y 市五个地市的市、县两级农村公路主管部门的访谈工作。均采用座谈会和现场调查的形式进行，共访问到有关领导及工作人员 60 位，每市 12 位，共完成有效问卷 60 份。其中，男性 52 位，女性 8 位；中级以上管理人员 34 位，工作人员 26 位；大部分受访人员工作年限在 3 ~ 10 年，约占 64.5%。受访对象的基本情况如表 6 - 7 所示。

表6-6   S省农村公路用户感知服务质量调查基本情况

特征		样本数	占比(%)	特征		样本数	占比(%)
性别	男性	1 205	66	职业	学生	186	10.2
	女性	621	34		教师	58	3.2
年龄	<18 岁	146	8		公务员	64	3.5
	18~25 岁	548	30		工人	464	25.4
	26~45 岁	599	32.8		农民	599	32.8
	46~60 岁	402	22		企业员工	157	8.6
	>60 岁	131	7.2		其他	298	16.3
文化程度	初中及以下	372	20.4	收入水平	<1 000 元	338	18.5
	高中或中专	769	42.1		1 000~2 000 元	508	27.8
	大专或大学	442	24.2		2 001~3 000 元	564	30.9
	研究生及以上	243	13.3		3 001~5 000 元	374	22.8
有无驾照	有驾照	661	63.8		5 001~10 000 元	42	2.3
	无驾照	1 165	36.2		>10 000 元	0	0

表6-7   S省农村公路部门支持服务质量调查基本情况

特征		样本数	占比(%)	特征		样本数	占比(%)
年龄	18~25 岁	12	20	所属部门	公路局	5	8.3
	26~45 岁	25	41.7		交通局	15	25
	46~60 岁	23	38.3		运管局	5	8.3
文化程度	初中及以下	14	23.3		建设部门	5	8.3
	高中或中专	16	26.7		养护部门	20	33.3
	大专或大学	23	38.3		其他	10	16.7
	研究生及以上	7	11.7	职务	局长	5	8.3
工作年限	1~3 年	6	10		处长	18	30
	4~5 年	16	26.7		科长	15	25
	6~10 年	23	38.3		工作人员	22	36.7
	11 年以上	13	21.7	性别	男性	52	86.7
	少于 1 年	2	63.3		女性	8	13.4

6.3.2　S 省农村公路服务质量评价结果的计算过程

1. 用户感知的农村公路服务质量评价结果计算

使用 SPSS 软件对用户感知的服务质量进行了统计分析，1826 份问卷共 35 项评价指标的统计结果及均值如表 6-8 所示。

表 6-8　　　　S 省用户感知农村公路服务质量指标均值

指标	均值	极大值	极小值	方差	标准差
X1	4.09	5	1	0.662	0.814
X2	4.17	5	1	0.605	0.778
X3	4.11	5	1	0.769	0.877
X4	4.08	5	1	0.685	0.828
X5	2.99	4	1	0.838	0.912
X6	2.45	3	1	0.907	0.976
X7	4.05	5	1	0.704	0.839
X8	3.65	5	1	1.221	1.105
X9	2.88	5	1	0.787	0.846
X10	3.86	5	1	1.047	1.023
X11	3.56	5	1	1.285	1.134
X12	3.12	5	1	0.823	0.885
X13	3.78	5	1	0.891	0.944
X14	3.74	5	1	0.897	0.947
X15	3.65	5	1	1.069	1.034
X16	3.85	5	1	0.946	0.973
X17	4.06	5	1	0.693	0.832
X18	3.88	5	1	0.719	0.848
X19	3.69	5	1	1.052	1.026
X20	3.71	5	1	0.901	0.949
X21	2.76	4	1	0.802	0.844

续表

指标	均值	极大值	极小值	方差	标准差
X22	3.68	5	1	1.021	1.010
X23	3.02	4	1	0.765	0.798
X24	3.66	5	1	0.907	0.952
X25	3.79	5	1	0.917	0.958
X26	4.16	5	1	1.255	1.120
X27	4.00	5	1	0.809	0.899
X28	3.91	5	1	0.783	0.885
X29	3.98	5	1	0.756	0.869
X30	4.11	5	1	0.735	0.857
X31	4.03	5	1	0.748	0.865
X32	3.91	5	1	0.743	0.862
X33	4.14	5	1	0.602	0.776
X34.	4.06	5	1	0.704	0.839
X35	2.58	4	1	0.638	0.703

进一步使用结构熵权法对用户感知服务质量的 7 个质量维度进行赋权。研究小组根据德尔菲法的形式邀请了 15 位农村公路领域的专家、学者，每 5 人一组，经过 3 轮征询意见后，得到了专家对 7 类准则层质量指标的典型排序结果。用户感知的农村公路服务质量指标及其排序情况如表 6-9 所示。

表 6-9 用户感知的服务质量指标及排序

指标	专家排序		
	第一组	第二组	第三组
道路质量	1	1	2
安全质量	2	2	1
环境质量	6	5	4

续表

指标	专家排序		
	第一组	第二组	第三组
信息质量	3	4	5
行为质量	5	6	7
紧急救助	4	3	3
成本费用	7	7	6

利用结构熵权法，通过计算专家典型排序的隶属度矩阵、认知盲度以及总体认知度指标，最后得到了用户感知服务质量7个二级指标的权重。计算过程和结果见表6－10。

表6－10　　　　　　用户感知的服务质量指标权重（λ=8）

项目	道路质量	安全质量	环境质量	信息质量	行为质量	紧急救助	成本费用
第一组排序	1	2	6	3	5	4	7
第二组排序	1	2	5	4	6	3	7
第三组排序	2	1	4	5	7	3	6
三轮均值	0.9786	0.9572	0.6563	0.7674	0.5094	0.8324	0.3983
最大值	1	1	0.7740	0.7740	0.6667	0.8616	0.5283
Max－均值	0.0214	0.0428	0.1177	0.0066	0.1573	0.0292	0.1950
最小值	0.9358	0.9358	0.5283	0.6667	0.3333	0.774	0.3333
Min－均值	−0.0428	−0.0214	−0.128	−0.1007	−0.1761	−0.0584	−0.065
认知盲度Q	0.0107	0.0107	0.0052	0.0471	0.0094	0.0146	0.0650
1−Q	0.9830	0.9830	0.9948	0.9529	0.9906	0.9854	0.9350
总体认知	0.9620	0.9409	0.6529	0.7313	0.5046	0.8202	0.3724
权重	0.1930	0.1888	0.1310	0.1467	0.1012	0.1646	0.0747

注：第一组排序、第二组排序、第三组排序，按各指标权重位次排序。

由计算公式与计算过程的有效性，可以得到对指标集 U｛U1，U2，

U3，U4，U5，U6，U7｝的权重集为 W｛W1，W2，W3，W4，W5，W6，W7｝=｛0.1930，0.1888，0.1310，0.1467，0.1012，0.1646，0.0747｝是有效的。使用相同的算法，得到 7 类指标下各个具体评价指标的权重如表 6-11 所示。

表 6-11　　　　　　　用户感知服务质量具体评价指标权重

指标	权重	指标	权重
X1	0.49	X19	0.15
X2	0.17	X20	0.17
X3	0.34	X21	0.30
X4	0.22	X22	0.38
X5	0.29	X23	0.22
X6	0.25	X24	0.08
X7	0.24	X25	0.19
X8	0.19	X26	0.16
X9	0.11	X27	0.20
X10	0.06	X28	0.07
X11	0.04	X29	0.08
X12	0.32	X30	0.11
X13	0.28	X31	0.23
X14	0.24	X32	0.17
X15	0.35	X33	0.14
X16	0.18	X34	0.06
X17	0.16	X35	0.29
X18	0.11	—	—

综合上述二级指标和三级指标的权重，经汇总计算用户感知的服务质量评价总分为 3.685 分，折算百分制为 73.7 分，即 UQ =73.7 分。

2. 农村公路部门支持的服务质量评价结果计算

同理，对回收的农村公路部门支持服务质量调查问卷进行数据录入和统计处理，得到表 6 - 12 所示的指标均值和标准差的基本情况。

表 6 - 12　　　　S 省农村公路部门支持的服务质量指标均值

指标	均值	极大值	极小值	方差	标准差
A1	3.99	5	2	0.710	0.843
A2	3.86	5	2	0.721	0.849
A3	3.66	5	1	1.026	1.013
A4	3.68	5	2	0.866	0.931
B1	3.67	5	2	0.989	0.995
B2	3.63	5	2	0.892	0.945
B3	3.73	5	2	0.962	0.981
B4	4.12	5	2	1.453	1.206
C1	3.94	5	2	0.835	0.914
C2	3.87	5	2	0.746	0.864
C3	3.94	5	2	0.753	0.867
C4	4.04	5	2	0.750	0.866
D1	3.97	5	2	0.761	0.872
D2	3.89	5	1	0.734	0.857
D3	4.10	5	1	0.624	0.790
D4	4.03	5	1	0.710	0.843
E1	4.12	5	2	0.754	0.868
E2	4.07	5	2	0.801	0.895
E3	4.08	5	2	0.749	0.866

为了计算农村公路部门支持的服务质量评价值，需要计算各个指标的相对影响权重，这里采用主观赋权法中的 AHP 法和客观赋权法的变异系数法相结合的方法，得到所有指标的权重。主观赋权法的计算过程如表 6 - 13 至表 6 - 18 所示。

表 6 – 13   二级质量指标两两判定矩阵及权重

指标	人员质量	管理质量	设施质量	信息质量	流程质量	权重
人员质量	1	1	1/3	1/2	1/2	0.1080
管理质量	1	1	1/3	3	2	0.2040
设施质量	3	3	1	2	3	0.4028
信息质量	2	1/3	1/2	1	1	0.1426
流程质量	2	1/2	1/3	1	1	0.1426

注：（1）该矩阵最大特征根 $\lambda_{max} = 4.3664$；（2）一致性指标 CI = 0.0916，一致性比率 CR = 0.0818，通过一致性检验。

表 6 – 14   人员质量下三级指标两两判断矩阵及权重

指标	数量 A1	能力 A2	意愿 A3	培训 A4	权重
数量 A1	1	1/3	1/2	1/3	0.1057
能力 A2	3	1	1/2	1	0.2541
意愿 A3	2	2	1	2	0.3861
培训 A4	3	1	1/2	1	0.2541

注：（1）该矩阵最大特征根 $\lambda_{max} = 4.1545$；（2）一致性指标 CI = 0.0515，一致性比率 CR = 0.046，通过一致性检验。

表 6 – 15   管理质量下三级指标两两判断矩阵及权重

指标	制度完备 B1	制度执行 B2	组织机构 B3	责任意识 B4	权重
制度完备 B1	1	2	1	2	0.3514
制度执行 B2	1/2	1	2	3	0.3270
组织机构 B3	1	1/2	1	2	0.2485
责任意识 B4	1/2	1/3	1/2	1	0.0731

注：（1）该矩阵最大特征根 $\lambda_{max} = 4.2072$；（2）一致性指标 CI = 0.0691，一致性比率 CR = 0.0617，通过一致性检验。

表 6-16　　　　　设施质量下三级指标两两判断矩阵及权重

指标	设施完备 C1	配套完好 C2	设施可靠 C3	维修保养 C4	权重
设施完备 C1	1	2	2	3	0.4245
配套完好 C2	1/2	1	1	2	0.2281
设施可靠 C3	1/2	1	1	2	0.2281
维修保养 C4	1/3	1/2	1/2	1	0.1194

注：（1）该矩阵最大特征根 $\lambda_{max} = 4.0104$；（2）一致性指标 CI = 0.0035，一致性比率 CR = 0.0031，通过一致性检验。

表 6-17　　　　　信息质量下三级指标两两判断矩阵及权重

指标	系统建设 D1	信息内容 D2	信息更新 D3	响应速度 D4	权重
系统建设 D1	1	3	3	2	0.4644
信息内容 D2	1/3	1	2	2	0.2359
信息更新 D3	1/3	1/2	1	1	0.1403
响应速度 D4	1/2	1/2	1	1	0.1594

注：（1）该矩阵最大特征根 $\lambda_{max} = 4.1179$；（2）一致性指标 CI = 0.0393，一致性比率 CR = 0.0351，通过一致性检验。

表 6-18　　　　　流程质量下三级指标两两判断及权重

指标	流程合理性 E1	流程正确性 E2	流程效率性 E3	权重
流程合理性 E1	1	3	2	0.5396
流程正确性 E2	1/3	1	1/2	0.1643
流程效率性 E3	1/2	2	1	0.2970

注：（1）该矩阵最大特征根 $\lambda_{max} = 3.0092$；（2）一致性指标 CI = 0.0046，一致性比率 CR = 0.0088，通过一致性检验。

经过合成计算可得到农村公路部门支持的服务质量评价指标的 AHP 法的权重数值，见表 6-19 的"主观权重"列。进一步使用变异系数法计算各指标的客观权重，最终得到农村公路支持的服务质量具体评价指标的权重。

表 6 – 19　　　　　　　　　　主观赋权法和客观赋权法下的权重

指标	均值	标准差	变异系数	客观权重	主观权重	最终权重
A1	3.99	0.843	0.2113	0.0478	0.0114	0.0296
A2	3.86	0.849	0.2199	0.0497	0.0274	0.0386
A3	3.66	1.013	0.2768	0.0626	0.0417	0.0522
A4	3.68	0.931	0.2529	0.0572	0.0274	0.0423
B1	3.67	0.995	0.2711	0.0613	0.0717	0.0665
B2	3.63	0.945	0.2603	0.0589	0.0667	0.0628
B3	3.73	0.981	0.2630	0.0595	0.0507	0.0551
B4	4.12	1.206	0.2927	0.0662	0.0149	0.0406
C1	3.94	0.914	0.2320	0.0525	0.1710	0.1118
C2	3.87	0.864	0.2233	0.0505	0.0919	0.0712
C3	3.94	0.867	0.2201	0.0498	0.0919	0.0709
C4	4.04	0.866	0.2144	0.0485	0.0481	0.0483
D1	3.97	0.872	0.2196	0.0497	0.0662	0.0580
D2	3.89	0.857	0.2203	0.0498	0.0336	0.0417
D3	4.10	0.790	0.1927	0.0436	0.0200	0.0318
D4	4.03	0.843	0.2092	0.0473	0.0227	0.0350
E1	4.12	0.868	0.2107	0.0476	0.0769	0.0623
E2	4.07	0.895	0.2199	0.0497	0.0234	0.0366
E3	4.08	0.866	0.2123	0.0480	0.0424	0.0452

根据权重计算及指标均值计算结果可得 S 省农村公路部门支持的服务质量评价得分为 3.903 分，换算成百分制为 78.06 分，即 DQ = 78.06。

3. 最终评价结果

将 UQ 得分和 DQ 得分分别乘以权重得到 S 省农村公路服务质量最后评价分值 = 73.7 × 0.622 + 78.06 × 0.378 = 75.348。这个成绩表明 S 省农村公路的服务质量水平整体介于一般到比较满意区间，离用户的期望还有一定的距离。可以进一步通过观察分析，明确改进服务质量的方向。

注：2021 年，笔者及研究团队又采用线下实地走访及网上问卷调查相结合的方法对 S 省 11 个地市共 1200 位农村公路用户进行了样本调查，经相

同的参数验证和实证分析过程得到最后评价分值为 81.4 × 0.622 + 83.15 × 0.378 = 82.062，服务质量水平整体有了比较明显的提升，进入比较满意区间，用户满意度整体较高。

6.4　影响服务质量的因素分析及策略建议

6.4.1　影响服务质量的关键因素分析

为了找到影响 S 省服务质量的关键因素，在完成服务质量评价的基础上，本书又借助 Kano 模型和 IPA 法对用户进行了重要性——满意度的 Kano 问卷调查。调查问卷内容就在用户感知服务质量调查问卷的后半部分。为了不大幅增加受访用户的负担，在 Kano 问卷部分，将 35 项评价指标进行了合并和优化选取了主要的 17 项指标，并在名称上做了细微改动，以利于受访用户理解，详见附件。问卷回收后，对问卷进行了技术处理，结果如下。

1. 实证结果

对问卷使用克朗巴哈 α 系数进行信度检验。利用 SPSS 19.0 求得克朗巴哈系数（Cronbach's α）为 0.9426，表明本量表的信度非常好。

接着对 17 项指标采用主成分因子分析法进行效度检验，检验过程使用方差旋转方法分析，最终选取特征值大于 1、因子载荷超过 0.5 的因子，共得到 4 个主要因子，其累计方差解释为 63.74%。KMO 检验值为 0.899，Bartlett 球形度检验 p 无限趋近于 0，表明问卷中满意度的结构效度较好。

基于改进后的 Kano 模型，可得出农村公路服务质量要素分类结果，如表 6 - 20 所示。其中 5 项服务质量要素为魅力型质量，占 29.41%；1 项为无差异质量，占 5.88%；7 项为基本质量，占 41.18%，剩下 4 项为期望质量。综合考虑无差异质量要素在农村公路服务活动中的具体表现以及其基本特征，在运用 IPA 分析时暂不予以考虑。图 6 - 1 为质量要素的 Kano 模型示意图。

表 6-20　　　　　　　　　　问卷汇总统计结果

服务要素编号	各要素对应分类数				感知满意度		感知重要度	
	F（A）	F（I）	F（O）	F（M）	均值	标准差	均值	标准差
f1	547.91	191.29	353.93	732.18	4.11	0.32	4.22	0.45
f2	529.31	195.16	222.42	866.74	4.25	0.43	3.45	0.26
f3	200.89	111.74	897.27	608.52	4.05	0.29	3.66	0.85
f4	543.35	296.01	181.93	801.22	3.65	0.72	4.07	0.62
f5	1 197.38	285.01	199.84	142.97	3.45	0.54	4.23	0.61
f6	1 108.22	475.96	36.50	204.52	2.60	0.12	3.44	0.83
f7	877.50	78.86	498.65	370.19	2.72	0.14	4.21	0.71
f8	163.22	77.92	755.94	828.01	3.51	0.25	4.42	0.56
f9	270.621	210.13	766.23	578.21	3.92	0.33	4.05	0.65
f10	158.77	22.69	331.69	1 300.34	3.35	0.18	3.77	0.94
f11	256.11	394.06	178.78	984.44	3.75	0.34	4.12	0.83
f12	527.90	238.45	339.65	719.21	3.85	0.65	4.08	0.66
f13	370.67	53.59	875.98	525.76	4.13	0.53	3.88	0.69
f14	820.40	63.29	225.81	715.69	2.78	0.37	3.75	0.78
f15	379.78	18.02	987.13	440.27	3.08	0.32	2.56	0.91
f16	405.99	840.99	199.37	343.86	3.89	0.45	4.06	0.62
f17	904.99	136.07	308.88	475.26	2.68	0.22	4.12	0.47

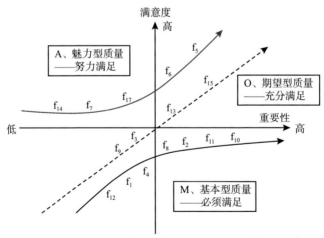

图 6-1　S 省农村公路服务质量 Kano 模型

由图 6-1 可知，交通秩序、信息服务、紧急救助、绿化美化、服务场站等易用性、可靠性维度是农村公路的魅力型质量要素；建设监管、方便快捷、施工交通影响、使用成本是农村公路的期望型质量；建设质量、建设速度、配套设施、交通安全、养护及时、路面质量、桥梁状况是农村公路的基本型质量，主要属于通达性和安全性质量维度。

进一步以满意度指标为横轴，重要度指标为纵轴，以两者的均值为象限划分点，绘制 IPA 定位图，如图 6-2 所示：

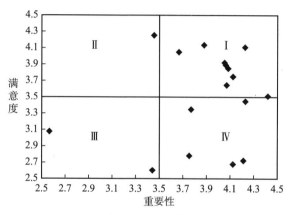

图 6-2　S 省农村公路服务质量要素的 IPA 图

在图 6-2 中，落在第一象限、满意度和重要性均较高的共有 8 个要素，分别为 f1 "建设质量"、f3 "建设监管"、f4 "配套设施"、f9 "方便快捷"、f11 "路面质量"、f12 "桥梁状况"、f13 "施工交通影响"、f16 "通行速度"；落在第二象限、满意度较高但重要性较低的共有 1 个要素，即 f2 "建设监管"；落在第三象限、满意度和重要性均较低的要素共有 2 个，即 f6 "信息服务" 和 f15 "使用成本"；落在第四象限、重要性较高但满意度较低的要素共有 6 个，即 f5 "交通秩序"、f7 "紧急救助"、f8 "交通安全"、f10 "养护及时性"、f14 "绿化美化"、f17 "服务场站"。上述传统 IPA 分析法显示，该省农村公路服务管理水平整体较好，使用者满意度较高，主要集中在道路建设和养护方面。农村公路亟待解决的问题主要集中于基础设施管理方面。对于农村公路的管理部门而言，加强交通安全和交通秩序管理、做好紧急救助、及时对道路进行养护等是今后的工作重点。

2. 引申重要性的计算

为了消除在调查过程中重要性评价容易受满意度评价的影响，进而准确反映受访者的真实感知，进一步采用 PLS 偏最小二乘法计算各服务要素满意度与整体满意度的相关性（即改进后的 IPA 法），从而更加真实的反映重要性评价结果。表 6-21 为计算结果与引申重要性的重要程度排序。

表 6-21   引申重要性计算结果

服务要素编号	指标	感知满意度	引申重要性	排序
f1	建设质量	4.11	-0.147	15
f2	建设速度	4.25	-0.031	13
f3	建设监管	4.05	-0.107	14
f4	配套设施	3.65	0.033	8
f5	交通秩序	3.45	0.035	7
f6	信息服务	2.60	0.048	6
f7	紧急救助	2.72	-0.014	12
f8	交通安全	3.51	0.053	5
f9	方便快捷	3.92	0.174	1
f10	养护及时性	3.35	0.145	2
f11	路面质量	3.75	0.005	9
f12	桥梁状况	3.85	-0.194	16
f13	施工交通影响	4.13	-0.010	10
f14	绿化美化	2.78	0.072	3
f15	使用成本	3.08	-0.044	17
f16	通行速度	3.89	0.059	4
f17	服务场站	2.68	-0.011	11

以满意度指标为横轴，引申重要性指标为纵轴，以两者的均值为象限划分点，绘制改进 IPA 方格，如图 6-3 所示。

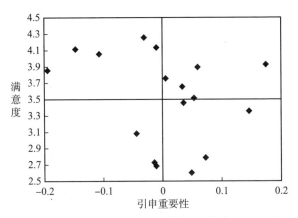

图 6-3　S 省农村公路服务质量要素的改进 IPA 图

对比图 6-2 和图 6-3，我们发现各服务要素在分布上发生了较为明显的变化。第一象限中由原来的 8 个要素变为 4 个要素，要继续保持。它们是"方便快捷""通行速度""配套设施""路面质量"。这表明相比原来农村地区缺乏必要的交通条件出行困难的历史问题，各级农村公路的路面质量、方便程度等成为对该省农村公路发展影响较大的重要因素。在今后的发展中要不断解决产生的新问题、新矛盾，保持其良好的发展态势；第二象限由原来 1 个要素增加为 5 个要素，分别是"施工交通影响""建设速度""建设监管""建设质量""桥梁状况"，这些表明在既往的农村公路发展过程中比较重视公路建设、硬件维护等，已经取得了比较好的成效，农村地区的交通面貌得到了很大改善，被受访者普遍认可。但是由于引申重要性不高，在此后的发展中要注意避免只重硬件建设、轻配套服务，从而造成资源的浪费。第三象限由 2 个要素增加到了 3 个要素，这表明"紧急救助""服务场站""使用成本"对整体满意度的影响较小，但是随着区域经济的发展、居民生活水平的提高以及出行需求不断增加等因素的影响，将会对农村公路的服务提出更多的要求，而且使用成本和服务场站的布局对道路的充分利用密切相关，具有较大的改进空间；第四象限为重点改进区，其中"养护及时性""绿化美化""信息服务"为引申重要性的前三位，但目前的表现相对不那么令人满意。在今后的服务管理中，要尽快提供有关道路信息、及时养护、在条件允许的情况下对公路进行绿化美化，同时会同有关部门做好农村公路交通秩序的基础工作和现场管理，特别是加强农村公路的交通安全保障和应急机制建设。

6.4.2　对策与建议

1. 树立服务理念，提升服务意识

就 S 省农村公路行业发展而言，道路的建设、养护、管理只是发展的手段，为广大农民群众提供高品质的服务才是发展的目的。提高农村公路服务能力和水平，必须树立农村公路交通的服务理念、明确用户的需求以及如何较好的满足用户需求，以保证农民的主体地位。通过对农村公路服务质量进行全面、客观、科学的评价，提出改进农村公路服务的对策和措施，更好地服务于乡村振兴战略。

2. 加强农村路网规划，使路网建设有据可依

农村公路的建设管理关系到广大农民的基本出行需要，更关系到社会主义新农村的建设与发展，各地在进行新一轮的发展过程中必须要结合区域经济的实际情况和农村基层的发展需求，严格遵守当地农村公路条例的纲领性指引，统筹规划，合理决策，同时要采取各种途径引导农民群众参与到农村路网的规划过程中来，建言献策，真正做到按需修建、服务民生。同时路网规划要着眼长远、分级建设，不可一蹴而就，甚至超越当地的财政负担水平，不仅起不到发展经济的作用，反而会造成拖累。

农村路网的规划不同于普通国省干线，现行的路网布局规划方法与理论也并没有专门针对农村路网进行设计，因此，必须尽快进行方法上的创新，探索城市路网规划在农村路网规划中的应用，例如，在农村公路和城市道路接合处，城市道路管理部门应当按照城市道路标准，配套建设市政公用设施。总结出一套因地制宜、化繁为简、方法科学、效益显著的农村路网规划方法，指导 S 省农村公路建设与发展。

最后，要加强对农村公路网规划目标、规划内容、实施情况的控制与评价，研究拟定农村路网规划评价方法体系，监督检查、适时调整，确保规划的顺利完成。

3. 建立监督管理组织，落实农村公路管理责任

在整个 S 省，针对各个城市和乡村结合部的农村公路和乡镇、村庄的道路专门成立农村公路建设管理领导小组。由当地的公路交通管理部门的

第一负责人担任组长，相关农村管理专业人员负责日常监督管理和政策实施工作。这样不仅能够人尽其才，而且减少农村公路管理人力成本。建立农村公路管理考核指标体系，将考核指标体系与工作绩效考评相挂钩，并制定年度、季度、月度考核计划和工作目标计划，下达给各郊区、乡镇、村庄，镇、乡、村各级农村公路管理第一负责人层层签订责任书，形成县乡村农村公路管理承包保责任制，明确奖惩制度，由市管理部门统一考核评比。扎实落实 S 省发布的《关于在全省全面推行农村公路"路长制"的通知》，全面建立农村公路县、乡、村三级"路长制"，落实县级政府农村公路主体责任、健全管理养护体制和运行机制为抓手，加强农村公路建设、管理、养护、运营和路域环境综合治理，健全农村公路治理体系，提升农村公路治理能力，推动农村公路发展由建设为主向建好、管好、护好、运营好转变，为发挥农村公路在服务乡村振兴战略中的支撑作用提供制度保障。

4. 加强农村公路交通安全保障应急机制建设，提高安全质量

通过完善交通信息系统建设，加强安全监测体系建设；开展农村公路交通运输应急保障专项预案演练、人员培训和能力评估工作，及时发现问题，修订、完善应急预案，提高保障能力。必要时，持续化、常态化开展应急演练和人员培训活动；建立以政府财政资金为保障的紧急救助机制，切实保护有关参与各方的合法权益和参与紧急救助的积极性，形成农村公路安全应急保障的长效机制，全面提高农村公路交通安全质量。

5. 出台农村公路服务质量考核评价办法，促进服务管理水平提升

在加强路网硬件的建设和管理同时，提高道路使用的社会效益和经济效益是切实履行"三个服务于"、建设"四好"农村路的内在体现。要确保农村公路的物有所用、物尽其用，必须加强对农村公路管理主体和使用者的约束与管理，使之职责清晰、责任明确。为此，可以根据国家有关法律、法规和省、市交通部门的管理要求，制定和出台一系列的管理办法，将农村公路服务管理水平的保持与提升规范化、常态化。在《S 省农村公路技术标准》《S 省农村公路建设工程管理办法》《S 省农村公路养护管理实施细则》《S 省农村公路管理养护指导意见》及各地、市相应规章、办法的基础上，将农村公路用户满意度作为农村公路建设运营养护等的衡量标准之一，制定《S 省农村公路养护管理考核实施办法》和《S 省农村公

路服务质量评价办法》，各地、市、根据实际情况，出台本地区相应的考核评价办法，扎实推进农村公路建设和管理养护工作，实现农村公路"畅、洁、绿、美、安"的路容路貌、健全完善的标志标线、保障有力的安保工程提供形式多样的便民服务，不断提升服务水平。同时，可以尝试使用第三方评估的方式，对 S 省的农村公路服务进行服务质量评估，实现农村公路服务质量持续改进与发展的目的，提高民众对"四好"农村路服务质量的满意度。

6. 多措并举，以"四好"农村路建设为抓手，大力提升服务水平

以最新发布的《农村公路扩投资稳就业更好服务乡村振兴实施方案》《农村公路中长期发展纲要》《关于进一步加强农村公路建设管理更好服务巩固拓展脱贫攻坚成果同乡村振兴有效衔接的通知》等文件为引领，多措并举，以"四好"农村路建设为抓手，大力提升服务水平。

完善和农村公路运输服务网络建设，积极推进农村客运公交化改造，优化客运公交线网，降低农村居民出行成本；通过手机 app、微信公众号、微信小程序等，及时发布农村公路交通信息，满足村民日益增加的出行需求；加快出租车行业改革，探索"村村通客运车 + 网约车""互联网 + 电商"等新运营模式；完善农村物流体系，优化农村物流基础设施，提升农村物流业水平，建立覆盖全省的以乡镇物流站场为中心、县级物流基地为枢纽、村级物流站点为节点的农村物流体系，使得农村公路成为农村经济发展的重要引擎（高敏，2020）。

6.5　本章小结

本章主要通过对我国中部 S 省农村公路用户感知和农村公路部门支持的问卷调查对第 5 章构建的评价指标体系以及评价模型与方法进行了实证检验。

本章主要研究工作如下。

（1）介绍了我国 S 省农村公路的发展概况，分析了其在农村公路建设、养护、管理等方面的经验做法，及目前仍存在的问题，指出了进行服务质量评价的重要性和意义。

（2）按照前文建立的评价指标体系分别设计了用于用户感知的服务质量和农村公路部门支持的服务质量调查问卷，并对问卷的题项进行了信度分析。同时，使用专家打分和 AHP 决策法，确定了两部分问卷中二级指标的相应权重。

（3）通过实地调研获得的两部分数据，采用结构熵权法确定了用户感知服务质量下具体指标的权重，采用 AHP 法和变异系数法确定了农村公路部门支持的具体指标的权重，并最后汇总计算得出 S 省的农村公路服务质量评价结果。整个评价过程证明了本书所设计的评价指标体系和评价方法的适用性和可操作性。

（4）组合使用 Kano 模型和改进的 IPA 法对 S 省农村公路的关键服务质量要素进行了识别与定位分析，找到整体评价满意度不高的原因，并提出了相应的对策建议。

结　　论

针对本书提出的研究问题，在相关文献评述及基本概念定义梳理的基础上，首先对农村公路服务的基本构成及服务质量进行了定性分析；随后，针对农村公路服务质量管理中的要素识别、评价指标体系建立、评价模型与方法确定等问题，进行了系统的理论建构和细致的实证研究。本章将对本书研究的主要结论、关键创新进行总结，对本研究中存在的不足进行说明，指出后续研究的方向。

研究结论

本书以我国农村公路发展由"量"的改善到"量质并重"转变过程中加强农村公路服务管理背景下开展服务质量评价活动为研究对象，以构建农村公路服务质量评价模型与方法这一服务管理的重要问题为主题，使用规范分析和实证分析相结合的研究方法，对农村公路服务质量管理及评价进行了全面、细致、深入的研究，主要研究结论如下。

（1）农村公路服务质量管理是一种不同于普通商品服务的质量管理，也是一种不同于高速公路等公共产品的服务管理活动。它既具有用户在接受服务过程中对实际服务的感知这种类似于商品服务质量的本源，同时受该种服务供给部门受公共产品特性影响的服务质量标准高低的影响。因此，单纯从用户角度出发或供给方角度出发去研究服务管理问题都是不全面的。

（2）采用关键事件技术对用户感知的农村公路服务质量构成要素进行了分析，发现道路质量、安全质量、环境质量、行为质量、信息质量、紧急救助和成本费用 7 类要素共同反映了农村公路服务质量的功能性、经济性、安全性、时间性、舒适性和文明性的本质特性。

（3）借助 5M1E 法的基本原理对农村公路部门支持的服务质量进行了研究，得出人员质量、管理质量、信息质量、设施质量和流程质量 5 大要素共同构成了农村公路服务质量的技术质量和功能质量的结论。

（4）基于用户感知理论和农村公路的公共产品属性构建了以用户感知和农村公路部门支持的二元服务质量评价指标体系框架。该指标体系由目标层、系统层和准则层构成，共 12 大类指标 54 项具体指标，并确立了农村公路服务质量评价指标赋值的思路与赋值方法。

（5）由于用户感知和农村公路部门支持的两类评价指标在评价思路上有一定差异，分别构建了用户感知的农村公路服务质量评价模型和农村公路部门支持的服务质量评价模型，确定了用结构熵权法作为用户感知农村公路服务质量权重的评价方法，用主观赋权和客观赋权法确定农村公路支持服务质量指标权重的评价方法。最后结合实践将农村公路服务质量评价指标体系、评价方法应用到某省农村公路的评价调查之中，验证了评价模型及方法体系的科学性、可操作性，表明该方法能有效地帮助有关部门提高农村公路服务质量。

主要创新点

从本书文献综述可以看出，目前国内关于农村公路服务质量管理的研究较少，特别是针对农村公路服务质量评价理论与方法的研究寥寥无几。因此，本书的创新既表现在对农村公路服务管理领域理论研究方面的创新，也表现在具体的农村公路服务质量评价模型与方法上的创新。具体表现在以下几个方面。

（1）综合运用公路经济学、服务管理学、服务经济学、公共管理学、质量管理学、统计学等学科的理论与方法，按照"服务质量概念确定—服务质量形成机理—服务质量维度分析—服务质量测量评价"的服务质量形成及评价的逻辑体系，对影响农村公路服务质量的要素进行了系统的分析与归纳，构建了"用户－农村公路部门"的农村公路服务质量形成的机理模型，建立了可用于评价"用户感知"和"农村公路部门支持"的服务质量的评价指标体系；并对一直以来以活动条件、活动过程、活动环境为静态分析框架的公路服务质量要素进行了改进，利用关键事件技术，将用户从对农村公路产生服务需求开始一直到接受完服务离开农村公路为止的全部活动过程进行了分析与归纳，基于用户角度对服务管理质量要求的六个维度提出了由 7 项质量要素组成的用户感知的农村公路服务质量要素及评价指标，全面将农村公路服务质量管理引入用户导向的框架，为提高农村公路服务管理水平提供了可借鉴、可操作的理论与工具。

（2）首次将"用户－公共部门"二元主体的评价机制与方法引入到农村公路服务管理领域，构建了基于"用户－农村公路部门"二元评价主体的农村公路服务质量评价模型，以科学性和实用性为原则，确立了以结构熵权法、主客观综合赋权法为评价指标赋权，使用线性加权法汇总评价结果的简易可行的服务质量评价方法，经过对某省农村公路服务质量的实证分析，验证了该方法的可操作性。

（3）拓展了对交通运输领域对服务质量评价的认识。评价不是结果而是目的，是为了找到影响服务质量的关键要素，寻找改进服务质量的策略与方法。综合使用确定质量要素功能的 Kano 模型和改进后的用于识别质量改进方向的 IPA 定位法，对经服务质量评价后存在的不足与问题进行了统计分析与识别，有助于改进和提高农村公路服务质量。同时由于该方法简单易行，完全可以作为农村公路服务质量评价总结阶段用于反馈的技术工具。这些研究有助于明确以往在交通运输领域进行服务质量评价或绩效评价时只是"要重点改进用户实际感知与服务期望差距较大方面"的模糊认识，也再次明确了服务质量改进在服务质量评价中的意义和作用。

研究局限及后续研究展望

受笔者对服务管理理论的掌握、可用实证资源及投入时间精力等方面的限制，本书的研究主要存在以下几个方面的局限。

（1）农村公路服务质量是一个用户感知和农村公路部门支持共同作用下的质量体现，双方主体在服务质量的形成过程中相互关系以及作用力大小是一个较难以量化的问题；同时具有公共产品属性的农村公路的服务作用还有相当一部分是难以直接感知和度量。虽然，本书以"服务质量概念确定—服务质量形成机理—服务质量维度分析—服务质量测量评价"这一严谨逻辑体系展开研究，但仍是定性研究略多于定量研究，如何去描述和发现双方主体间的关系质量对整体服务质量水平的影响还有待探索和实证检验。

（2）实证样本单一。虽然在实证环节选择了某农村公路占比较大的省份（S省），也前后进行了3 000多份的问卷调查，但由于该省自然条件以山岭地形为主、经济发展水平不高、农村公路建设力度大等客观原因，获得的用户感知服务质量评价存在着一定的趋同性，也许没有反映出真实的服务水平。例如，在平原地区、经济发达地区、农村人口占比较少的地区，用户对农村公路服务质量的感知和期望也许会有不同。这就需要进一步优化和调整指标结构，以适应不同地区的实际需要。

（3）本书是站在第三方角度讨论研究有关部门开展农村公路服务质量评价应该采用的模型、方法及指标体系等，虽然经S省较大样本的实证检验证明了本书研究结论的科学性和可操作性。但是，在实际工作中更多的往往是以公共部门主导的评价活动，这时采用何种评价方法和保证机制确保评价结果的客观性和公正性仍有待进一步探索。

针对上述的研究局限分析，笔者认为将来可以重点从以下几个方面展开研究。

（1）进一步扩大实证的样本范围，在不同自然条件、经济发展水平、农村公路发展水平的省份和地市里进行实证检验，从而对本书提出的机理模型与评价模型做出更加准确的研究与分析，同时，足够多的样本地区也可以使"用户－农村公路部门"二元主体的评价方式更具有可靠性。

（2）进一步探索将关系质量引入农村公路服务质量形成机理和评价模型之中，改进经典服务质量评价的理论与方法，对用户、农村公路部门、农村公路三者之间的关系机制及变化特征进行全面的考察与分析，从而进一步完善农村公路服务质量管理理论。

（3）在二元主体评价的基础上，适时引入第三方评价以及多元评价的理论与方法。

附　　录

附录 1

农村公路用户感知服务质量调查问卷

您好！为推进农村公路建设与发展，更好地为您提供优质服务，我们就有关问题征求您的意见。谢谢合作！

我们承诺：匿名方式不会对您产生任何不良影响，但能够帮助您所在地区在农村公路建设管理中结合您的合理建议不断做出有针对性的持续改善。

S 省农村公路服务水平研究调查小组

2014 年 7 月

一、基本信息

1. 您的居住地？

2. 您的年龄？

A. 18 岁以下　　B. 18～25 岁　　C. 26～45 岁　　D. 46～60 岁

E. 60 岁以上

3. 您的性别？

A. 男　　　　　B. 女

4. 您的最高学历？

A. 初中及以下　　　　　　B. 高中或中专

C. 大专或大学本科　　　　D. 研究生及以上

5. 您的职业？

A. 学生　　　B. 教师　　　C. 公务员　　　D. 工人

E. 农民　　　　　F. 公司员工　　G. 其他

6. 您的月收入水平：

A. 1 000 元以下　　　　　　B. 1 000 ~ 2 000 元

C. 2 001 ~ 3 000 元　　　　　D. 3 001 ~ 5 000 元

E. 5 001 ~ 10 000 元　　　　　F. 10 000 元以上

7. 您_____（有/无）驾照，驾龄_____年；您经常驾驶的车型为（A. 大型车　B. 小型车），该车是（A. 私家车　B. 公司或单位的车辆　C. 其他）；

8. 您是否经常在农村公路（县、乡、村道）上行驶？

A. 第一次　　　B. 偶尔　　　C. 经常　　　D. 绝大多数时间

9. 从您的角度，您对当前农村公路服务质量的整体评价是：

A. 非常不满意　B. 不满意　　　C. 一般　　　D. 比较满意

E. 非常满意

二、测评项

1. 请您根据您的感受对下列题项打分。

非常不满意（1 分）；不满意（2 分）；一般（3 分）；比较满意（4 分）；非常满意（5 分）。

题项	1 分	2 分	3 分	4 分	5 分
X1. 您对在农村公路行驶的通畅程度感到					
X2. 您对在农村公路行驶的舒适程度感到					
X3. 您对在农村公路行驶的方便程度感到					
X4. 您对农村公路标志、标线完好情况的评价是					
X5. 您对农村公路安全防护设施的完好情况的评价是					
X6. 您对农村公路交通事故率情况的评价是					
X7. 您对有关部门对农村公路的安全监管情况的评价是					
X8. 您对农村公路路面的清洁卫生感到					
X9. 您对农村公路两侧绿化景观感到					
X10. 您对农村公路客货运站场的卫生状况感到					
X11. 您对农村公路服务区（休息区）的卫生状况感到					

题项	1分	2分	3分	4分	5分
X12. 您对客货运站场的设施数量及完好情况的评价是					
X13. 您对农村公路对沿线居民的噪声、污染状况感到					
X14. 您对道路标牌标线的科学规范性感到					
X15. 您对农村公路交通标志指引醒目性和准确性感到					
X16. 您对农村公路是否具备便利的道路交通信息查询方式感到					
X17. 您对所查询信息内容清晰准确性感到					
X18. 您对所查询信息内容及时完整性感到					
X19. 您对农村公路交通量大小情况感到					
X20. 您对农村公路通行速度情况感到					
X21. 您对农村公路上车型、人员的混入情况感到					
X22. 您对农村公路上驾驶员遵守交通法规状况感到					
X23. 您对发生紧急事件时紧急救助的快速反应的评价是					
X24. 您对紧急救助时降低灾害影响的效率的评价是					
X25. 您对有关部门关于突发事件预警的及时性评价是					
X26. 您对突发事件后疏通道路阻塞速度的评价是					
X27. 您对紧急救助时恢复道路通行的速度的评价是					
X28. 您对有关部门和人员现场交通指挥调度情况的评价是					
X29. 您对有关部门提供紧急救助资源保障情况的评价是					
X30. 您对使用农村公路减少或增加出行时间的评价是					
X31. 您对使用农村公路时车辆燃耗变动情况的评价是					
X32. 您对使用农村公路时车辆轮胎磨损情况					
X33. 您对使用农村公路时车辆价值变动情况					
X34. 您对使用农村公路时运送乘客或货物的价值变动情况					
X35. 您对使用农村公路时交通事故损失的评价是					

2. 请您根据您的感受对下列题项打分。

非常不重要（1分）；不重要（2分）；一般（3分）；重要（4分）；非常重要（5分）。非常不满意（1分）；不满意（2分）；一般（3分）；比较满意（4分）；非常满意（5分）。

题项	5分	4分	3分	2分	1分
f1. 您对农村公路建设质量的满意度					
f1. 您对农村公路建设质量重要性的认识					
f2. 您对农村公路建设速度的满意度					
f2. 您对农村公路建设速度重要性的认识					
f3. 您对农村公路建设监管的满意度					
f3. 您对农村公路建设监管重要性的认识					
f4. 您对农村公路配套设施的满意度					
f4. 您对农村公路配套设施重要性的认识					
f5. 您对农村公路交通秩序的满意度					
f5. 您对农村公路交通秩序重要性的认识					
f6. 您对农村公路信息服务的满意度					
f6. 您对农村公路信息服务重要性的认识					
f7. 您对农村公路紧急救助的满意度					
f7. 您对农村公路紧急救助重要性的认识					
f8. 您对农村公路交通安全的满意度					
f8. 您对农村公路交通安全重要性的认识					
f9. 您对农村公路方便快捷的满意度					
f9. 您对农村公路方便快捷重要性的认识					
f10. 您对农村公路养护及时性的满意度					
f10. 您对农村公路养护及时性重要性的认识					
f11. 您对农村公路路面质量的满意度					
f11. 您对农村公路路面质量重要性的认识					
f12. 您对农村公路桥梁状况的满意度					
f12. 您对农村公路桥梁状况重要性的认识					
f13. 您对农村公路施工影响的满意度					
f13. 您对农村公路施工影响重要性的认识					
f14. 您对农村公路绿化美化的满意度					
f14. 您对农村公路绿化美化重要性的认识					
f15. 您对农村公路成本费用的满意度					

续表

题项	5 分	4 分	3 分	2 分	1 分
f15. 您对农村公路成本费用重要性的认识					
f16. 您对农村公路通行速度的满意度					
f16. 您对农村公路通行速度重要性的认识					
f17. 您对农村公路服务场站的满意度					
f17. 您对农村公路服务场站重要性的认识					

说明：为了简化问卷过程，本部分问卷对测评项第一大类的 35 项指标进行了优化合并处理，形成了 17 项主要指标。

您对改进农村公路服务管理有哪些建议：

_____ 。

非常感谢您的配合与支持！

附录 2

农村公路部门支持服务质量调查问卷

您好！为推进农村公路建设与发展，更好地为广大用户提供优质服务，我们就有关问题征求您的意见。谢谢合作！

我们承诺：匿名方式不会对您产生任何不良影响，但能够帮助您所在地区在农村公路建设管理中结合您的合理建议不断做出有针对性的持续改善。

S 省农村公路服务水平研究调查小组

2014 年 7 月

一、基本信息

1. 您的工作单位？

2. 您的年龄？

A. 18 岁以下　　　B. 18～25 岁　　　C. 26～45 岁　　　D. 46～60 岁

E. 60 岁以上

3. 您的性别？

A. 男　　　　　　B. 女

4. 您的最高学历？

A. 初中及以下　　　　　　　　B. 高中或中专

C. 大专或大学本科　　　　　　D. 研究生及以上

5. 您的职务？

A. 局长　　　B. 处长　　　C. 科长　　　D. 工作人员

E. 其他

6. 您的工作年限？

A. 不到 1 年　　B. 1～3 年　　C. 3～5 年　　D. 5～10 年

E. 10 年以上

7. 从您的角度，您对当前农村公路部门提供的农村公路服务质量的整体评价是：

A. 非常不满意　　B. 不满意　　　　C. 一般　　　　　　D. 比较满意

E. 非常满意

二、测评项

请回答下列问题，参考附录的评分标准简要准确地给出您的答案和意见。

A1. 本地区（单位）农村公路养护管理人员的数量状况是否能满足需要，并且有定额标准？

A2. 本地区（单位）农村公路养护管理人员的业务能力是否熟练、效率高？

A3. 本地区（单位）农村公路养护管理人员的生活、工作是否有保障，是否愿意持续本职工作？

A4. 本地区（单位）农村公路养护管理人员是否受过良好的培训，能有效地保证工作质量？

B1. 本地区（单位）有关农村公路相关管理制度的是否完备，建设、养护、运营、管理等都有据可查、有章可依？

B2. 本地区（单位）有关农村公路相关管理制度在执行过程中是否由专人监管、执行到位？

B3. 本地区（单位）是否有专门的农村公路管理组织机构？并配备有相应的人员、办公条件、资金等？

B4. 本地区（单位）农村公路管理人员对提高农村公路服务质量的责任意识和服务意识是否较高？

C1. 本地区农村公路交通设施的数量、规格、质量是否都符合有关标准？

C2. 本地区农村公路配套服务设施的数量、规格、质量等符合标准并能满足需要？

C3. 本地区农村公路设施是否经常保持状态良好，能很好地满足交通运输需求？

C4. 本地区是否有定期或不定期的农村公路设施的巡查和维修保养

制度？

D1. 本地区（单位）是否建设或计划建设农村公路信息管理系统？

D2. 本地区（单位）农村公路信息系统中发布的有关内容是否能满足需要？

D3. 本地区（单位）农村公路信息内容的是否能做到及时更新？

D4. 本地区（单位）农村公路信息管理系统对信息需求的响应速度是否较快？

E1. 本地区（单位）农村公路建设、运营、养护等服务流程设计是否合理、便于操作执行？

E2. 本地区（单位）农村公路建设、运营、养护等服务流程执行的过程中是否能严格按规范流程进行？

E3. 本地区（单位）农村公路建设、运营、养护等服务流程执行是否效率高、效果好？

以下为开放式问题，请根据您的认识和了解谈谈看法。

Q1. 本地区（单位）在农村公路建、养、运、管等方面的人员管理有何经验和不足？如何进一步加强人员管理？

Q2. 本地区（单位）在农村公路有关管理制度建设和执行、组织机构设置等方面有何好的经验做法和不足之处？如何进一步加强管理？

Q3. 本地区（单位）在农村公路有关设施的建设、养护等方面有何好的经验做法和不足之处？如何进一步加强设施管理？

Q4. 本地区（单位）在农村公路有关信息系统建设与使用等方面有何好的经验做法和不足之处？如何进一步加强信息管理？

Q5. 本地区（单位）在农村公路有关服务流程设计和执行等方面有何好的经验做法和不足之处？如何进一步加强流程管理？

附录 3

农村公路部门支持服务质量评价标准

服务质量评价指标	评价标准				
	5分（很好）	4分（好）	3分（一般）	2分（差）	1分（很差）
1.1 农村公路养护管理人员的数量状况	农村公路养护管理人员满足养护管理需求，有人员定额	农村公路养护管理人员能满足养护管理需求，数量略有差距	农村公路养护管理人员基本满足养护管理要求，数量差距较大	农村公路养护管理人员数量不能满足养护管理要求，能完成相应工作	农村公路养护管理人员不满足养护管理要求，严重影响道路情况
1.2 农村公路养护管理人员的能力状况	农村公路养护管理人员具备优秀的养护管理技能，熟练、效率高	农村公路养护管理人员具备良好的养护管理技能，业务熟练	农村公路养护管理人员具备一定的养护管理技能，业务较熟练	农村公路养护管理人员具备简单的养护管理技能，尚能完成工作	农村公路养护管理技能不足，影响任务
1.3 农村公路养护管理人员的工作持续意愿	农村公路养护管理人员有保障、热爱工作	农村公路养护管理人员有一定保障，安心工作	农村公路养护管理人员有基本保障，能完成工作	农村公路养护管理人员缺乏足够的保障，但能完成工作	农村公路养护管理人员保障不足，不愿意继续工作
1.4 农村公路养护管理人员的培训状况	农村公路养护管理人员受过良好的业务培训，有效保证工作质量	农村公路养护管理人员受过业务培训，执行效果一般	农村公路养护管理人员偶尔有业务培训，基本能完成工作	农村公路养护管理人员缺乏业务培训，不能有效保证工作质量	农村公路养护管理人员基本没有业务培训，工作能力不足
2.1 农村公路相关管理制度的完备情况	相关管理制度完备，有据可查，有章可依	有比较完善的规章制度	有相应的规章制度，但需要进一步完善	有基本的规章制度，勉强够用	只有很少的制度，不能满足需要
2.2 农村公路相关管理制度的执行情况	相关管理制度执行到位，无敷衍	相关管理制度能有效执行，基本到位	能按照规章制度执行，但无人监管	基本按规章制度执行，往往流于形式	基本不按规章制度执行，形同虚设

服务质量评价指标	评价标准				
	5分（很好）	4分（好）	3分（一般）	2分（差）	1分（很差）
2.3 农村公路管理组织机构的配备情况	设立有专门的管理组织机构，职责明确，分工合理	有管理组织机构，有相应的责任和权利	有负责管理的部门，但职责不太明确，无明确分工	无专门的管理组织机构，但有机构参与管理	无专门的管理组织机构，也无权利和责任
2.4 农村公路管理人员的责任意识和服务意识	对农村公路服务管理工作责任意识强，主动为员工和用户服务	对农村公路服务管理工作责任意识比较强，能主动为员工和用户服务	对农村公路服务管理工作责任意识不强强，不主动为员工和用户服务	将农村公路服务管理工作的责任交给员工，自身不关心	无任何支持，员工只能靠自己解决问题
3.1 农村公路交通设施的完备情况	交通设施的数量和规格符合国家标准要求，状态良好	交通设施的数量和规格符合国家标准要求，但存在小的破损或缺失情况	交通设施的数量和规格基本符合国家标准要求，有些地方不到位	交通设施的规格符合国家标准要求，但数量较少，影响交通	交通设施的数量和规格不符合国家标准要求，严重影响交通
3.2 农村公路配套服务设施的完备情况	配套设施的规格、数量符合或超过国家或省的标准要求	配套设施的数量、规格符合国家或省的标准要求	配套设施的数量、规格符合国家或省的标准要求，存在小问题	配套设施的数量、规格基本能满足通行需求，存在较大的问题	配套设施的数量、规格不能满足通行需求
3.3 农村公路设施的可靠程度	全部设施能满足公路用户需求，状态良好，有质量保证，能满足持久使用	全部设施能满足公路用户需求，状态一般，有质量保证，能满足较长时间使用	全部设施能满足公路用户需求，有小的质量问题，能满足暂时使用	全部设施基本能满足公路用户需求，存在较明显质量问题	全部设施不能满足公路用户需求，质量较差
3.4 农村公路设施的维修保养状况	定期和不定期进行巡查、修缮保养，确保状态良好	定期巡查养护，设施状态较好	有巡查制度，设施状态一般	无巡查制度，设施出现问题时能及时修复	无巡查制度，设施出现问题不能及时修复
4.1 农村公路信息管理系统的建设情况	建立有功能齐备，技术先进的农村公路管理信息系统	功能较齐备，技术较先进的农村公路管理信息系统	有简单功能的农村公路信息系统，主要用于统计工作	农村公路信息管理系统建设刚刚起步	没有信息管理系统，也没有计划建设
4.2 农村公路信息内容的完备情况	全部建、养、运、管的信息内容都完整具备	建、养、运、管的信息内容较完整	建、养、运、管的信息内容基本完整	只有部分信息内容，不能完全满足需求	没有实质性内容，无法满足需求

服务质量评价指标	评价标准				
	5分（很好）	4分（好）	3分（一般）	2分（差）	1分（很差）
4.3 农村公路信息内容的更新情况	有专人或专用设备实时更新信息，保证信息的有效性	信息内容更新较及时，基本能满足使用需要	信息内容能更新，但更新周期不固定，尚能满足需求	信息内容陈旧，更新不及时，影响使用	不更新信息内容，无法满足需求
4.4 农村公路信息管理系统的响应速度	系统反应灵敏，能迅速响应服务需求并下达指令	系统能在较短时间内做出响应，并下达指令	系统能够做出响应，偶尔出现无响应情况	系统响应不及时，只能满足一般问题	系统经常不及时，不能满足问题的解决
5.1 服务流程设计的合理性	建养运管服务流程规范，设计合理，便于操作执行	有规范的建养运管服务流程，设计比较合理	建养运管服务流程比较规范，但需要进一步改进	建养运管服务流程不规范，设计不合理	没有规范的建养运管服务流程，根据情况随时制定
5.2 服务流程执行的准确性	严格按照流程规范进行服务	能严格按照流程规范进行服务	能按照流程规范进行，但有偏差	服务流程不规范，执行不到位	不按规范的服务流程进行，随意性较大
5.3 服务流程执行的效率性	规范执行，效率高，效果好	规范执行，效率较高，效果较好	能规范操作，效果和效率一般	不规范执行，效率较低，效果较差	完全不按规范执行，效率极低，效果很差

附录 4

S 省农村公路服务管理综合评价标准

项目	分值	考评内容	考评标准	得分	评价方法
服务条件	10	路网	网络节点通达性 2.0 以上，得 5 分，2.5 以上得 8 分，人均路网密度及里程及路面铺装率共 2 分		
	20	线形与设计要素	线形合理、视距良好，实际车速和通行能力达到设计标准的 80% 以上得 20 分；线性基本合理、通行能力达到设计标准的 60% 以上，得 15 分；通过性较差、行车条件较差，得 5 分		
	50	路面路肩	路况良好，无明显隐患，道路平整，得 50 分；路况基本良好，得 40 分；路况基本良好，存在问题隐患超过 5 处以上，得 30 分；路况较差，存在 10 处以上问题隐患，得 10 分以下		
	20	桥涵隧道渡口	桥涵隧道等构造物完好，无结构安全隐患，得 20 分；基本完好，存在 5 处以下隐患，得 10 分；情况较差，存在 5 处以上隐患或病害，得 1~5 分		
服务环境	50	交通安全设施	安全设施完好，标志标线清楚齐备，得 50 分；安全标志基本达标，得 30 分；安全标志缺失、毁损严重，存在重大安全隐患，得 10 分		
	30	服务设施	客运站点布局合理、间距适当、设施完好、客货运服务优良得 30 分；客运站点布局较合理，设施基本齐备得 20 分；布局不合理，间距不当，设施严重不完善，运输服务基本正常得 10 分。有示范路、样板路的县、乡、村道可加 10 分		
	20	路外环境	道路绿化美化率在 90% 以上，得 20 分；在 70%~90% 之间得 15 分；低于 70% 得 10 分。景观协调、普遍反映较好得可加 5 分		
服务活动	15	交通流	车辆行驶正常、交通流密度适宜，得 15 分；车辆稀少或明显拥挤，得 5 分；严重饱和或罕有车至，得 0 分		

续表

项目	分值	考评内容	考评标准	得分	评价方法
服务活动	25	客运服务	晴雨天均能进行正常客运服务，准点率在90%以上，得25分；晴雨天基本能进行客运服务，准点率在80%以上，得15分；雨天无法进行客运服务，准点率低于60%，得5分		
	10	车辆运营费用	车辆各项消耗指标处于正常水平，绿色通道通畅，得10分；车辆各项消耗水平偏高，绿色通道基本通畅，得7分；绿色通道无法发挥正常作用，得3分		
	50	交通安全	无重大交通事故，得50分；发生2起以下重大交通事故，得30分；发生2起以上重大交通事故，得10分；交通事故被全省或全国通报的扣20分		
用户满意度	40	建设质量	对建设质量、速度和监管非常满意得40分，非常不满意扣10分		
	30	基础设施管理	配套设施、交通秩序、信息服务、紧急救助、交通安全、方便快捷六大方面各5分		
	30	公路养护	养护及时性、路面质量、桥梁状况、施工交通影响和绿化美化五大方面各6分		
合计	400				

附录 5

S 省农村公路服务质量用户满意度调查问卷

您好！为推进 S 省农村公路建设与发展研究，更好地给您提供优质服务，我们就有关问题征求您的意见。谢谢合作！

1. 您的居住地？

2. 您的年龄？

A. 18 岁以下　　　B. 18～25 岁　　　C. 26～45 岁　　　D. 46～60 岁

E. 60 岁以上

3. 您的性别？

A. 男　　　　　　B. 女

4. 您的最高学历？

A. 初中及以下　　　　　　　　B. 高中或中专

C. 大专或大学本科　　　　　　D. 研究生及以上

5. 您的职业？

A. 学生　　　B. 教师　　　C. 公务员　　　D. 工人

E. 农民　　　F. 公司员工　　　G. 其他

6. 您的月收入水平：

A. 1 000 元以下　　　　　　　B. 1 000～2 000 元

C. 2 001～3 000 元　　　　　　D. 3 001～5 000 元

E. 5 001～10 000 元　　　　　F. 10 000 元以上

7. 您＿＿＿＿＿＿＿（有/无）驾照，驾龄＿＿＿＿＿＿＿年；您经常驾驶的车型为（A. 大型车　B. 小型车），该车是（A. 私家车　B. 公司或单位的车辆　C. 其他）；

8. 您是否经常在农村公路（县、乡、村道）上行驶？

A. 第一次　　　B. 偶尔　　　C. 经常　　　D. 绝大多数时间

9. 您对"村村通工程"建设的了解程度：

A. 从未接触过　　B. 稍微有些了解　　C. 有些了解　　D. 了解较多

E. 很熟悉

10. 从您的角度，您希望农村公路满足农村经济和社会需要的程度应当达到：

A. 没有希望　　　　　　　B. 满足一点就行

C. 基本满足就行　　　　　D. 希望较好地满足需要

E. 希望满足全部需要

11. 您对当前农村公路建设质量的评价是：

A. 非常不满意　　B. 不满意　　　　C. 一般　　　　D. 比较满意

E. 非常满意

12. 您对当前农村公路管理工作的评价是：

A. 非常不满意　　B. 不满意　　　　C. 一般　　　　D. 比较满意

E. 非常满意

13. 您对当前农村公路养护工作的评价是：

A. 非常不满意　　B. 不满意　　　　C. 一般　　　　D. 比较满意

E. 非常满意

14. 按照您的想法，上面这些问题在农村公路建设领域的重要性是：

好的建设质量	非常不重要　不重要　一般　比较重要　非常重要
良好的管理	非常不重要　不重要　一般　比较重要　非常重要
良好的养护	非常不重要　不重要　一般　比较重要　非常重要

15. 您认为以当前的投入程度，农村公路发挥了：

A. 没有作用　　B. 较小的作用　　C. 一般　　　　D. 较大的作用

E. 非常重要的作用

16. 您认为对农村公路应当：

A. 没必要重视　　　　　　B. 稍微重视一下就行了

C. 给予一定的重视　　　　D. 给予高度重视

E. 非常重视

17. 与水路、铁路、航空等行业基础设施建设工作相比，您认为农村公路的效果：

    A. 非常差   B. 较差   C. 差不多相当 D. 较好

    E. 非常好

18. 您对当前农村公路所提供服务的总体满意度为：

    A. 非常不满意 B. 不满意   C. 一般   D. 比较满意

    E. 非常满意

19. 您对当前农村公路建设、管理、养护工作中所体现出的交通系统社会责任感评定为：

    A. 没有   B. 较低   C. 一般   D. 较高

    E. 很高

20. 您对农村公路工作中令您不满意之处的谅解程度为：

    A. 完全不能谅解   B. 能够谅解小部分

    C. 基本能够谅解   D. 大部分能够谅解

    E. 完全谅解

21. 从您的角度，您希望农村公路交通管理满足您需要的程度应当达到：

    A. 没有希望   B. 满足一点就行

    C. 基本满足就行   D. 希望较好地满足需要

    E. 希望满足全部需要

22. 公路配套设施是指护栏、标志、标线等设施的总称，是实现交通管理的重要手段。您对当前农村公路配套设施配置情况的评价是：

    A. 非常不满意 B. 不满意   C. 一般   D. 比较满意

    E. 非常满意

23. 您对当前农村公路交通秩序的评价是：

    A. 非常不满意 B. 不满意   C. 一般   D. 比较满意

    E. 非常满意

24. 您对当前农村公路交通信息服务工作的评价是：

    A. 非常不满意 B. 不满意   C. 一般   D. 比较满意

    E. 非常满意

25. 您对当前农村公路交通紧急救助工作的评价是：

    A. 非常满意   B. 不满意   C. 一般   D. 比较满意

E. 非常满意

26. 您对当前农村公路交通系统对于突发事件的应急能力的评价是：

A. 非常不重要　　B. 不重要　　　　C. 一般　　　　　D. 比较重要

E. 非常重要

27. 您对当前农村公路交通安全情况的评价是：

A. 非常不重要　　B. 重要　　　　　C. 一般　　　　　D. 比较重要

E. 非常重要

28. 方便、快捷（如能够方便地驶入、驶出农村公路、能够快速到达目的地等）是公路交通的基本特点，您对当前公路系统方便、快捷实现情况的评价是：

A. 非常不重要　　B. 重要　　　　　C. 一般　　　　　D. 比较重要

E. 非常重要

29. 按照您的想法，合理的配套设施在农村公路管理领域的重要性是：

A. 非常不重要　　B. 重要　　　　　C. 一般　　　　　D. 比较重要

E. 非常重要

30. 按照您的想法，良好的交通秩序在农村公路管理领域的重要性是：

A. 非常不满意　　B. 不满意　　　　C. 一般　　　　　D. 比较满意

E. 非常满意

31. 按照您的想法，良好的紧急救助在农村公路管理领域的重要性是：

A. 没有　　　　　B. 较低　　　　　C. 一般　　　　　D. 较高

E. 很高

32. 您认为对农村公路管理工作应当：

A. 没必要重视　　　　　　　　B. 稍微重视一下就行

C. 给予一定的重视　　　　　　D. 给予高度重视

E. 非常重视

您对改进农村公路服务管理有哪些建议：

非常感谢您的配合与支持！

参 考 文 献

［1］阿里·哈拉契米. 政府业绩与质量测评——问题与经验［M］.
广州：中山大学出版社，2003.

［2］［美］B. 约瑟夫·派恩，詹姆斯·H. 吉尔摩. 体验经济［M］.
毕崇毅，译. 北京：机械工业出版社，2012.

［3］［法］巴斯夏. 和谐经济论［M］. 北京：中国社会科学出版社，
1995.

［4］白长虹，陈晔. 一个公用服务质量测评模型的构建和分析：来自
中国公用服务业的证据［J］. 南开管理评论，2005（8）：4 - 11.

［5］包国宪，张志栋. 我国第三方政府绩效评价组织的自律实现问题
探析［J］. 中国行政管理，2008（1）：49 - 51.

［6］蔡立辉. 论当代西方政府公共管理及其方法［J］. 中山大学学报
（社会科学版），2003（2）：26 - 32.

［7］曾博. 农村公路建设项目社会经济评价指标体系及方法研究
［D］. 西安：长安大学，2009.

［8］曾宪萍，何晶. 我国农村公路发展问题研究［J］. 宏观经济管
理，2011（7）：40 - 41.

［9］曾友中. 主体选择：地方政府绩效评估研究的视角及问题域
［J］. 湘潭大学学报：哲学社会科学版，2007（4）：19 - 22.

［10］陈东峰，王志士，宋景禄. 公路服务水平模糊综合评判法［J］.
中国公路学报，1992（4）：68 - 75.

［11］陈国权，李志伟. 从利益相关者的视角看政府绩效内涵与评估
主体选择［J］. 理论与改革，2005（3）：66 - 69.

［12］陈红，田雨佳. 农村公路服务质量发展策略［J］. 交通企业管
理，2009（1）：50 - 51.

［13］陈其林，韩晓婷．准公共产品的性质：定义、分类依据及其类别［J］．经济学家，2010（7）：13－21．

［14］陈文博．公共服务质量评价与改进：研究综述［J］．中国行政管理，2012（3）．

［15］陈旭．IPA 分析法的修正及其在游客满意度研究的应用［J］．旅游学刊，2013，28（11）：59－66．

［16］陈岳峰，田园．基于反事实场景技术的农村公路项目影响评价［J］．同济大学学报（自然科学版），2012（3）：423－427．

［17］陈振明，李德国．基本公共服务的均等化与有效供给——基于福建省的思考［J］．中国行政管理，2011（1）．

［18］程龙生．服务质量评价理论与方法［M］．北京：中国标准出版社，2011．

［19］程启月．评测指标权重确定的结构熵权法［J］．系统工程理论与实践，2010，30（7）：1225－1228．

［20］崔立新．服务质量评价模型［M］．北京：经济日报出版社，2003．

［21］崔立新．顾客感知服务质量的价值曲线评价方法［J］．南开管理评论，2001（6）：21－25．

［22］崔立新．顾客感知服务质量管理评论［D］．天津：南开大学，2000．

［23］邓名奋．论公民与政府委托——代理关系的构建［J］．国家行政学院学报，2007（5）．

［24］邓维兆，李友铮．北投温泉旅馆关键服务品质属性确认——Kano 模式与 IPA 之应用［J］．品质学报（台湾），2007，14（1）：99－111．

［25］丁辉侠．公共服务质量评价体系构建思路分析［J］．商业时代，2012（7）：97－98．

［26］董丽．基本公共服务质量评价问题研究［D］．长春：吉林大学，2015．

［27］段红梅．我国政府绩效第三方评估的研究［J］．河南师范大学学报（哲学社会科学版），2009（6）：47－51．

［28］范柏乃．政府绩效评估与管理［M］．上海：复旦大学出版社，

2005.

[29] 范秀成. 服务质量管理：交互过程与交互质量 [J]. 南开管理评论，1999（1）：8-12.

[30] 方宇通. 顾客感知服务质量评价方法的实证比较——对 SE-RVPERF 和 SERVQUAL 的再探讨 [J]. 宁波工程学院学报，2012，24（4）：53-57.

[31] 菲利普·科特勒. 营销管理 [M]. 上海：上海人民出版社，1999.

[32] 冯俊，张运来，崔正. 服务概念的多层次理解 [J]. 北京工商大学学报（社会科学版），2011，26（2）：110-117.

[33] 冯俊. 服务企业管理 [M]. 北京：科学出版社，2007.

[34] 高敏. 山西农村居民"四好农村路"满意度研究 [D]. 太原：山西师范大学，2020.

[35] 格雷姆·本那克. 企鹅经济学辞典 [M]. 北京：外文出版社，1996.

[36] 耿先锋. 服务质量的构成及其测量方法评述 [J]. 工业技术经济，2007（3）：111-113.

[37] 顾志峰. 关于提升我国公路交通服务水平的思考 [J]. 交通运输部管理干部学院学报，2012，22（3）：3-4，8.

[38] 郭法霞，王秋玲，何凌. 多渠道筹集农村公路养护资金问题初探 [J]. 交通企业管理，2007（4）：51-52.

[39] 郭国庆. 市场营销通论 [M]. 北京：中国人民大学出版社，2003.

[40] 韩先科，蔡建华. 高速公路服务质量的理论与分析 [J]. 交通标准化，2005（10）：137-141.

[41] 韩晓英. 农村公路服务质量评价研究 [D]. 西安：长安大学，2008.

[42] 何飞英. 更新理念，提升能力——对公路行业由传统型向现代服务型转变的思考 [J]. 时代金融，2008（4）：69-71.

[43] 贺珊. 地方政府公共服务质量评价研究——以浙江省 48 个区县为例 [D]. 杭州：浙江大学，2007.

[44] 胡铁钧，孙小年，姜彩良．基于用户满意度的高速公路服务质量综合评价体系探究及应用 [A]．中国公路学会高速公路运营管理分会2011 年度年会暨第十八次全国高速公路运营管理工作研讨会论文集 [C]．2011．

[45] 花蕾．公路服务质量评价体系 [J]．公路交通科技（应用技术版），2011（7）：324 – 327．

[46] 黄慧．"农村公共产品与公共服务"国内研究现状述评 [J]．现代营销，2011（12）：192 – 193．

[47] 黄少军．服务业与经济增长 [M]．北京：经济科学出版社，2000．

[48] 交通强国建设纲要 [M]．北京：人民出版社，2019．

[49] 交通运输部 国家发展改革委 财政部 农业农村部 中国人民银行国家乡村振兴局关于印发《农村公路扩投资稳就业更好服务乡村振兴实施方案》的通知 [EB/OL]．http：//www. gov. cn/zhengce/zhengceku/2022 – 08/20/content_5706227. htm．

[50] 交通运输部关于印发《农村公路中长期发展纲要》的通知 [EB/OL]．http：//www. gov. cn/zhengce/zhengceku/2021 – 03/03/content_5589937. htm．

[51] 金青梅．政府公共服务质量的概念界定与基本理论分析 [J]．集团经济研究，2007（1）：20 – 21．

[52] 康健，郑兆红．服务质量测量标准理论与框架研究 [J]．标准科学，2010（7）：52 – 55．

[53] 克里斯汀·格罗鲁斯，韦福祥．服务管理与营销——服务竞争中的顾客管理（第3 版）[M]．北京：电子工业出版社，2008．

[54] 赖桂辉．浅议经济研究中的实证分析和规范分析 [J]．南昌大学学报（社会科学版），1995，26（1）：119 – 120．

[55] 郎志正．服务特性的研讨 [J]．中国质量，1994（9）：18 – 20．

[56] 雷江升．服务及服务质量理论研究综述 [J]．生产力研究，2007（20）：148 – 150．

[57] 雷明．农村公路安保工程后评价体系与方法 [D]．西安：长安大学，2010．

[58] 李堃. 日本企业质量管理方法简介（三）田口方法中的新成员——MTS（田口系统）[J]. 上海质量，2008（5）：41 - 44.

[59] 李琪. 现代服务学导论 [M]. 北京：机械工业出版社，2008.

[60] 李文. 农村道路对减缓贫困的影响分析——重庆贫困地区扶贫项目实证研究 [D]. 北京：中国农业科学院，2006.

[61] 李晓明，胡长顺. 公路服务的性质及其生产与市场结构 [J]. 长安大学学报（自然科学版），2003（6）：66 - 70.

[62] 李晓明. 公路服务的经济学分析及其商业化运营与公共管制研究 [D]. 西安：长安大学，2003.

[63] 李毅斌. 物流服务供应链企业间管理控制机制研究 [D]. 西安：长安大学，2013.

[64] 李友铮，胡秀媛，阎铁民等. 运用 Kano 二维品质模式与决策实验室分析法于赢得订单条件的改善：以台湾工业电脑制造业为例 [C]. 新竹：2008 管理创新与科技整合学术研讨会，2008.

[65] 李月光，吴小萍，吕安涛，聂敏. 基于 AI 的农村公路养护管理评价方法研究 [J]. 系统工程理论与实践，2013（6）：1557 - 1562.

[66] 梁国华. 农村公路绩效评价指标体系的构建方法 [J]. 中国公路学报，2007，20（6）：111 - 116.

[67] 林尚立. 国内政府间关系 [M]. 杭州：浙江人民出版社，1998.

[68] 蔺雷，吴贵生. 服务创新（第 2 版）[M]. 北京：清华大学出版社，2007.

[69] 刘波. 乡村振兴战略背景下农村公路评价指标体系探究 [J]. 交通运输部管理干部学院学报，2021（1）：20 - 24.

[70] 刘峰涛. 农村公路投融资：外部性与产权市场的视角 [J]. 农业经济问题，2008（2）：69 - 75.

[71] 刘丽静. 应重视提高农村客运服务水平 [J]. 经济论坛，2008（8）：133 - 134.

[72] 刘丽梅. 构筑公共财政框架下的农村公路供给新体制 [A]// 中国公路学会公路规划分会 2003 年文集 [C]. 2003：45 - 55.

[73] 刘晓论，柴邦衡. ISO9001：2015 质量管理体系文件 [M]. 北京：机械工业出版社，2017.

[74] 刘选, 张兴华. 基于服务科学学科的服务概念界定 [J]. 甘肃科技, 2008 (12): 59 - 61.

[75] 刘焱. 国外服务接触文献综述 [J]. 湖南人文科技学院学报, 2008 (6): 32 - 35.

[76] 刘义. 让农村公路服务品质升级 [J]. 中国公路, 2014 (23): 90 - 91.

[77] 刘勇, 墨海莹, 张传龙. 浅析对农村公路养护质量考核评定的研究 [J]. 华东公路, 2010 (3): 24 - 27.

[78] 罗京, 王峰, 王元庆. 农村公路建设的社会经济效益分析 [J]. 公路, 2007 (9): 122 - 127.

[79] 洛夫洛克. 服务营销 (亚洲版第 2 版) [M]. 北京: 中国人民大学出版社, 2007.

[80] 吕维霞. 论公众对政府公共服务质量的感知与评价 [J]. 华东经济管理, 2010 (9): 128 - 132.

[81] 吕香婷. 综合评价指标筛选方法综述 [J]. 合作经济与科技, 2009 (6): 54.

[82] [德] 马克思. 剩余价值理论 [M]. 北京: 人民出版社, 1975.

[83] 毛龙. "十一五" 农村公路社会经济效益评价及 "十二五" 建设发展研究 [D]. 长安大学, 2011.

[84] 孟庆良, 卞玲玲, 何林, 张玲. 整合 Kano 模型与 IPA 分析的快递服务质量探测方法 [J]. 工业工程与管理, 2014, 19 (2): 75 - 88.

[85] 孟祥华. 服务质量的相对价值评价法探讨 [J]. 价值工程, 2000 (5): 20 - 21.

[86] 孟旭, 张树青. 关于服务定义研究视角的探讨 [J]. 商业时代, 2009 (15): 17 - 18.

[87] 牛佳棠. 农村公路养护及安全管理评价体系研究 [D]. 武汉: 武汉理工大学, 2013.

[88] 佩里·梅林. 费希尔·布莱克与革命性金融思想 [M]. 白当伟, 译. 北京: 机械工业出版社, 2014.

[89] [意] 佩里切利. 服务营销学 [M]. 北京: 对外经济贸易大学出版社, 2000.

[90]［法］让·巴蒂斯特·萨伊.政治经济学概论［M］.北京：商务印书馆，1997.

[91] 桑德霍姆.全面质量管理［M］.北京：中国经济出版社，2003.

[92] 沙洛特科夫.非生产领域经济学［M］.上海：上海译文出版社，1985.

[93] 邵祖峰.高速公路服务质量的模糊评价［J］.科技进步与对策，2004（2）：110－111.

[94] 沈群.安徽省农村公路规划评价指标体系研究［J］.公路，2008（4）：138－142.

[95] 施国洪.图书馆服务质量评价研究回顾与展望［J］.中国图书馆学报，2009（9）：91－98.

[96] 史兰兴.农村公路在建设新农村中的作用［J］.经济论坛，2006（16）：117－118.

[97] 唐树中，赵传训.积极发展县乡公路为农村商品经济的发展开通道路［J］.公路，1984（10）：15－17.

[98]［日］畠山芳雄.服务的品质是什么［M］.北京：东方出版社，2011.

[99] 瓦拉瑞尔·A.泽斯曼尔，玛丽·乔·比纳特.服务营销［M］.北京：机械工业出版社，2001.

[100] 王芳，苏小军，胡兴华.高速公路养护及服务质量评价指标体系研究［J］.重庆交通大学学报（自然科学版），2009，28（3）：600－603.

[101] 王海燕，张斯琪，仲琴.服务质量管理［M］.北京：电子工业出版社，2014.

[102] 王劲松，卢晓春，古水灵，李明惠，阎子刚.高速公路营运服务质量评价标准与评分方法的研究［J］.公路交通科技，2003，20（4）：114－117.

[103] 王俊霞，鄢哲明.农村公共服务绩效评价指标的维度选择与体系构建［J］.当代经济科学，2012，34（4）：88－95.

[104] 王旭.基于公共物品视角下我国农村公路的供给研究［D］.重庆：重庆大学，2012.

[105] 王元庆，吕璞，王磊. 农村公路建设对区域交通影响评价研究 [J]. 中外公路，2008（5）：252 – 254.

[106] 韦信宽，侯卫国. 地方政府公共服务改革的路径 [J]. 发展研究，2008（10）：87 – 88.

[107] 维克托·富克斯. 服务经济学 [M]. 北京：商务印书馆，1987.

[108] 魏傲霞. 地方政府公共服务满意度模型研究 [D]. 武汉：华中师范大学，2012.

[109] 魏丽坤. Kano 模型和服务质量差距模型的比较研究 [J]. 世界标准化与质量管理，2006（9）：10 – 13.

[110] 翁列恩，胡税根. 公共服务质量：分析框架与路径优化 [J]. 中国社会科学，2021（11）：31 – 53.

[111] 乌小健，冯明怀，周伟，白宗孝，杨云峰. 陕西省农村公路发展思路 [J]. 综合运输，1996（6）：16 – 20.

[112] 巫东浩. 高速公路产业带评价理论与方法 [J]. 中国软科学，1997（1）：108 – 111.

[113] 吴国宝. 中国扶贫开发战略研究 [R]. 中国社会科学院农村村发展研究所，2002.

[114] 吴丽萍，陈传德. 高速公路产业带的经济意义 [J]. 经济论坛，2001（1）：15.

[115] 吴焱. 农村公路建设发展评价、管理及保障技术研究 [D]. 西安：长安大学，2013.

[116] 吴毅洲，王劲松，卢晓春，古水灵，阎子刚. 高速公路营运服务质量评价模型及其应用研究 [J]. 交通标准化，2005（6）：124 – 127.

[117] 吴永芳. 科学发展观视阈中的农村公路建设 [J]. 重庆交通大学学报（自然科学版），2009，9（5）：28 – 31，34.

[118] 郗恩崇. 公路经济学 [M]. 北京：人民交通出版社，1999.

[119] 夏明学，李丽，李武选. 中部地区农村公路对区域经济贡献度的实证分析——基于 S 省的面板数据 [J]. 经济体制改革，2015（3）：76 – 81.

[120] 夏明学，郗恩崇，李武选. 农村公路服务质量关键要素研究 [J]. 统计与决策，2015（8）：132 – 135.

［121］夏明学，郗恩崇，李武选.用户导向的农村公路服务质量评价体系探索性研究［J］.统计与决策，2015（12）：52-54.

［122］夏征农，陈至立.辞海（第六版）［M］.上海：上海辞书出版社，2010.

［123］谢军.高速公路通行能力分析与服务质量评价研究［D］.西安：长安大学，2007.

［124］谢星全，刘恋.基本公共服务质量：分层概念与评估框架［J］.重庆大学学报（社会科学版），2017（4）：122-130.

［125］熊伟，过秀成.农村公路网规划研究［J］.华东公路，2003（2）：25-28.

［126］徐春婕，史天运，王晓冬.基于粗糙集的高铁客运站服务质量评价模型［J］.交通运输系统工程与信息，2014，14（2）：132-137.

［127］徐金灿.服务质量的研究综述［J］.心理科学进展，2002，10（2）：233-239.

［128］徐小佶.关于政府服务质量管理若干问题的思考［J］.福建行政学院学报，2001（2）：23-26，31.

［129］徐昕昕，孙芳，顾晓锋，陈建业.基于外部效益的农村公路服务设施规划设计研究［J］.交通运输研究，2022，8（1）：19-27.

［130］许彬.公共经济学导论——以公共产品为中心的一种研究［M］.哈尔滨：黑龙江人民出版社，2003.

［131］亚当·斯密.国富论（上下卷）［M］.北京：商务印书馆，2014.

［132］杨传堂.保基本强服务惠民生促发展加快实现农村公路四个转变：在全国农村公路发展电视电话会议上的讲话［EB/OL］.http：//www.gov.cn/xinwen/2014-12/09/content_2788476.htm.

［133］杨锴.服务质量的影响因素研究［J］.现代管理科学，2010（11）：113-115.

［134］杨露.农村公路建设对区域社会进步的影响分析［J］.黑龙江交通科技，2008（10）：120-121.

［135］杨学成，郭国庆，汪晓凡，陈栋.服务补救可控特征对顾客口碑传播意向的影响［J］.管理评论，2009（7）：56-64.

［136］姚如一，尹凤军．服务质量评价指标筛选浅析［J］．中外企业家，2012（6）：22－23．

［137］伊特韦尔，米尔盖特，纽曼．新帕尔格雷夫经济学大辞典［M］．北京：经济科学出版社，1996．

［138］尹爽．地方政府公共服务满意度评价研究——以金州区为例［D］．大连：大连理工大学，2009．

［139］尹震．加快我国交通运输服务建设的思路与对策［J］．综合运输，2009（3）：35－39．

［140］于成富．新时期农村公路的地位和作用［J］．吉林交通科技，2007（2）：69－71．

［141］于艳春．农村公路建设项目后评价研究［D］．南京：南京林业大学，2011．

［142］袁春毅，王朝辉，陈希梅．农村公路建设后评价体系研究［J］．公路，2009（7）：242－246．

［143］岳东阳，岳敏．农村公路建设效果评价研究［A］．全国城市公路学会第十九次学术年会论文集［C］．2010．

［144］［美］詹姆斯·A．菲茨西蒙斯，莫娜·J．菲茨西蒙斯．服务管理（第2版）［M］．张金成，范秀成等，译．北京：机械工业出版社，2000．

［145］张保成，张震涛，张树文．论内蒙古农村公路对社会经济发展的影响［J］．山西交通科技，2010（6）：93－95．

［146］张成福，党秀云．公共管理学［M］．北京：中国人民大学出版社，2001．

［147］张丹丹．农村公路对"三农"的影响机制及多重效应［D］．重庆：重庆交通大学，2008．

［148］张钢，牛志江，贺珊．地方政府公共服务质量评价体系及其应用［J］．浙江大学学报（人文社会科学版），2008，38（6）：31－40．

［149］张平军．农村公共产品与服务的理论问题——农村公共产品与公共服务问题研究（之二）［J］．甘肃农业，2014（6）：25－27．

［150］张瑞昕．公共服务质量：特质属性和评估策略［J］．北京行政学院学报，2014（6）：8－14．

［151］张文刚. 江西省农村公路服务站设计策略研究 ［D］. 南昌：南昌大学，2012.

［152］张小文. 进一步推进地方公路服务改革体系研究 ［J］. 公路交通科技 (应用技术版)，2013 (11)：431－432.

［153］赵笃康. 农村公路养护管理工作的实践与探索 ［A］. 中国公路学会 2004 年学术年会论文集：418－420.

［154］赵莉，袁振洲，林声. 基于通达和通畅指标的农村公路网评价 ［J］. 公路交通科技，2008 (2)：118－122.

［155］中共中央马克思、恩格斯、列宁、斯大林著作编译局. 列宁全集 (第 38 卷) ［M］. 北京：人民出版社，1986.

［156］中华人民共和国国家发展和改革委员会，交通运输部. 国家公路网规划 ［EB/OL］. https：//www. ndrc. gov. cn/xwdt/tzgg/202207/t20220 712_1330359. html？code＝&state＝123.

［157］中华人民共和国国家发展和改革委员会. 国家公路网规划 (2013～2030) ［EB/OL］. http：//zfxxgk. ndrc. gov. cn/PublicItemView. aspx？ItemID＝｛93c7d13b-aa0d－4beb－955e－268adade8a8f｝.

［158］中华人民共和国国家质量监督检验检疫总局，中国国家标准化管理委员会. 质量管理体系基础和术语 (GB \T19000－2008\ISO9000：2005 代替 GB\T19000－2000) ［M］. 北京：中国标准出版社，2009.

［159］中华人民共和国国务院. 全国农村公路建设规划 ［EB/OL］. http：//www. gov. cn/ztzl/2005－09/17/content_64455. htm.

［160］中华人民共和国交通运输部. 2003～2013 全国农村公路统计手册 ［R］. 2014.

［161］周黎明，曹雪莹. 高速公路服务质量评价体系 ［J］. 公路交通科技 (应用技术版)，2012 (10)：68－71.

［162］周黎明. 基于探索性因子分析的综合感知服务质量研究——以高速公路为例 ［J］. 软科学，2013，27 (5)：62－65.

［163］周烨. 农村公路供给的满意度及影响因素研究——以安徽省 D 镇为例 ［D］. 上海：华东政法大学，2019.

［164］朱国玮，刘晓川. 公共部门服务质量评价研究 ［J］. 中国行政管理，2010 (4)：24－26.

［165］朱锦红. 服务、服务营销、感知服务质量的研究综述 ［M］. 现代管理科学, 2010（7）: 112 – 114.

［166］朱琳. 公共服务质量评价体系的模型选择 ［J］. 企业经济, 2010（7）: 47 – 49.

［167］朱艳茹, 郑成松. 高速公路服务质量指标体系初探 ［J］. 江苏交通, 2002（5）: 9 – 10.

［168］庄丽娟. 服务定义的研究线索和理论界定 ［J］. 中国流通经济, 2004（9）: 41 – 44.

［169］Athanasenas A. Traffic Simulation Models For Rural Road Network Management ［J］. Transportation Research Part E: Logistics and Transportation Review, 1997, 33（3）.

［170］AdrianPayne, Martin Christopher, Moria Clark. Relationship Marketing for Competitive Advantage ［M］. Butterworth-Heinemann, 1995.

［171］Baloglu S, Love C. Association Meeting Planners' Perceived Performance of Las Vegas: An Importance-Performance Analysis. Journal of Convention & Exhibition Management, 2003, 5（1）: 13 – 27.

［172］Beltrami M. Quality Public Administration ［J］. E-conomiae diritto delterzario, 1992（3）: 770.

［173］Berger Charles et al. Kano's Methods for Understanding Customer-defined Quality ［J］. Center for Quality Management Journal, 1993（4）: 3 – 36.

［174］Bitner, Mary Jo. Evaluating Service Encounters: The Effects of Physical Surroundings and Employee Responses ［J］. Journal of Marketing, 1990（54）: 69 – 82.

［175］Bitner, Booms, Tetreault. The Service Encounter: Diagnosing Favorable and Unfavorable Incidents ［J］. Journal of Marketing, 1990（54）: 71 – 84.

［176］Bloom B S, Engelhart M D, Furst E J, Hill W H, Krathwohl D R. Taxonomy of Educational Objectives: The classification of educational goals ［M］//Handbook I: Cognitive domain. New York: David McKay Company, 1956.

［177］Bolton R N, Drew J H. A Multistage Model of Customers' Assessments of Service Quality and Value ［J］. Journal of Consumer Research, 1991

（12）：267 – 286.

［178］ Bolton Ruth N，James H Drew. A Multistage Model of Customers' Assessments of Service Quality and Value ［J］. Journal of Consumer Research，1991，17 （3）：375 – 384.

［179］ Bordens K S，Albott Bruce B. Research Design and Methods：A Process Approach （4th edition） ［M］. CA：Mayfield Publishing Company，1996.

［180］ Brady M K，Cronin J J Jr. Some New Thoughts on Conceptualizing Perceived Service Quality：A Hierarchical Approach ［J］. Journal of Marketing，2001，65 （7）：34 – 49.

［181］ Brogowicz A A，Delene L M，Lyth D M. A Synthesized Service Quality Model with Managerial Implications ［J］. The International Journal of Service Industry Management，1990，1 （1）：39.

［182］ Brown T J，Churchill G A Jr.，Peter J P. Research Note：Improving the Measurement of Service Quality ［J］. Journal of Retailing，1993，69 （1）：127 – 139.

［183］ C E Osgood，G J Suci，P H Tannenbaum. The Measurement of Meaning ［M］. Urbana：University of Illinois Press，1957.

［184］ C E Shannon. A Mathematical Theory of Communication ［J］. The Bell System Technical Journal，1948 （27）：379 – 423，623 – 656.

［185］ Chase R B. The Customer Contact Approach to Services：Theoretical Bases and Practical Extensions ［J］. Operations Research，1981，29 （4）：698 – 706.

［186］ Chase R B. Where does the Customer Fit in a Service Operation? ［J］. Harvard Business Review，1978，56 （6）：137 – 142.

［187］ Christensen，Paul Normann. Investment and Policy Decisions Involving Rural Road Networks in Saskatchewan：A Network Design Approach ［D］. The University of Saskatchewan （Canada），2004.

［188］ Christopher Lovelock，Jochen Wirtz. Services Marketing：People，Technology，Stategy，7th Edition ［M］. London：Pearson Education，Inc. 2011.

［189］ Christopher Lovelock. Product Plus：How Product + Service = Competitive Advantage ［M］. New York：McGraw-Hill，1994.

［190］ Clausius，Rudolf. On the Motive Power of Heat，and on the Laws Which can be Deduced from it for the Theory of Heat ［J］. Poggendorff's Annalen der Physick，LXXIX（Dover Reprint）. 1850.

［191］ PMESP Saraiva. The Development of an Ideal Kindergarten through Concept Engineering/Quality Function Deployment ［J］. Total Quality Management，2001，12（3）：365 - 472.

［192］ Cronin J J，Taylor S A. Measuring Service Quality：A Reexamination and Extension ［J］. Journal of Marketing，1992（56）：55 - 68.

［193］ Dominique Vendee Waller. Choosing Rural Road Investments to Help Reduce Poverty ［J］. World Development，2002，30（4）：575 - 589.

［194］ Driver C，Johnston R. Understanding Service Customers：The Value of Hard and Soft Attributes ［J］. Journal of Service Research，2001，4（2）：130 - 139.

［195］ Elke Loffler. Defining Quality in Public Administration，Paper for the Session on Quality in Public Administration：Basic Concepts and Comparative Perspective ［C］. NISPAcee Conference，2001，May 10 - 13，Riga，Latvia.

［196］ Erto P，Vanacore A. A Probabilistic Approach to Measure Hotel Service Quality ［J］. Total Quality Management，2002，13（2）：165 - 174.

［197］ Fan Shenggen，Chan-Kang Connie. Road Development，Economic Growth and Poverty Reduction in China ［R］. Research Report 138. 2005 Washington，D. C.：International Food Policy Research Institute.

［198］ Feigenbaum Armand V. Total Quality Control ［J］. Harvard Business Review，1956，34（6）.

［199］ Fick C R，Ritchie J R B. Measuring Service Quality in the Travel and Tourism Industry ［J］. Journal of Travel Research，1991（30）：2 - 9.

［200］ G Lynn Shostack. Understanding Service through Blueprinting ［R］//Advances in Service Marketing and Management. Greenwich，CT：JAI Press，1992.

［201］ Garver M S，J T. Mentzer. Logistics Research Methods：Employing

Structural Equation Modeling to Test for Construct Validity [J]. Journal of Business Logistics, 1999, 20 (1): 33 - 57.

[202] Gronroos Christian. Management and Marketing in the Service Sector [R]. Swedish School of Economic and Business Administration, Helsinki, 1982.

[203] Guisheng Rao, Limeng Qi, Runqing Zhang, Li Deng. Research on Evaluation of Rural Highway Construction in Hebei Province [J]. IFIP Advances in Information and Communication Technology, 2011 (345).

[204] Gummesson E. Quality Management in Service Organizations [M]. New York: ISQA, 1993.

[205] Hansen E, Bush R J. Understanding Customer Quality Requirements: Model and Application [J]. Industrial Marketing Management, 1999, 28 (2): 119 - 130.

[206] Hemon P, Calvert P. E-service Quality in Libraries: Exploring its Features and Dimensions [J]. Library & Information Science Research. 2005 (27): 377 - 404.

[207] Huang M H, Rust R T. Technology-Driven Service Strategy [J]. Journal of the Academy of Marketing Science, 2017, 45 (6): 906 - 924.

[208] Hwang C L, Yoon K. Multiple Attribute Decision Making: Methods and Applications [M]. New York: Springer-Verlag, 1981.

[209] James A. Fitzsimmons, Mona J. Fitzsimmons. Service Management: Operation, Strategy, Information Technology (7th Edition) [M]. New York: The Mcgraw-Hill Companies, Inc. 2011.

[210] James Brian Quinn, Jordan J Baruch, Penny Cushman Paquette. Technology in Services [M]. New York: Scientific American, 1987.

[211] John E G Bateson. Perceived Control and the Service Encounter [A]//J A Czepiel, M R Solomon, C F Surprenan et al. The Service Encounter: Managing Employee/Customer Interaction in Service Business [C]. New York: Lexington books, 1985.

[212] Joseph M Juran. Quality Control Handbook (2 ed.) [M]. New York: McGraw-Hill, 1962.

[213] Juran J M. The Quality Trilogy [J]. Quality Progress, 1986, 9 (8): 19 – 24.

[214] Kano N, Seraku N, Takahashi F, Tsuji S. Attractive Quality and must be Quality [J]. The Journal of Japanese Society of Quality Control, 1984, 14 (2): 39 – 48.

[215] Kolesar M B, Galbraith R W. A Services-Marketing Perspective on Retailing: Implications for Retailers and Directions for Further Research [J]. Internet Research: Electronic Networking Applications and Policy, 2000, 10 (5): 52 – 66.

[216] Letinen U, Lehtinen J R. Service Quality: A Study of Quality Dimensions [R]. Unpublished Working Paper, 1982.

[217] Levitt. Service Quality: An Exploratory Analysis [J]. Managing Service Quality, 1972, 11 (2): 121 – 131.

[218] Lewis Robert C, Bernard L. Booms. The Marketing Aspects of Service Quality [A]//Emgerging Perspectives on Service Marketing [C]. Chicago: American Marketing Association, 1983: 99 – 107.

[219] Lokshin Michael, Yemtsov Ruslan. Who Bears the Cost of Russia's Military Draft? [R]//The World Bank. Policy Research Working Paper Series 3547. 2005.

[220] Manfred Bruhn, Dominik Georgi. Service Marketing: Managing the Service Value Chain [M]. London: Pearson Education Limited, 2006.

[221] Marr J W. Letting the Customer be the Judge of Quality [J]. Quality Progress, 1986, 19 (10): 46 – 49

[222] Martilla J A, James J C. Importance-Performance Analysis [J]. Journal of Marketing, 1977, 41 (1): 77 – 79.

[223] Matzler K, Sauerwein E, Heischmidt K A. Importance-Performance Analysis Revisited: The Role of the Factor Structure of Customer Satisfaction [J]. The Service Industries Journal, 2003, 23 (2): 112 – 129.

[224] Mazis M B. Antipollution Measures and Psychological Reactance Theory: A Field Experiment [J]. Journal of Personality and Social Psychology, 1975 (31): 654 – 666.

［225］ Moura P, Saraiva P. The Development of an Ideal Kindergarten through Concept Engineering/Quality Function Deployment ［J］. Total Quality Management, 2001, 12 (3): 365 –472.

［226］ Oliver Richard L. A Conceptual Model of Service Quality and Service Satisfaction: Compatible Goals, Different Concepts ［A］//Swartz S Teresa, David E Bowen, Stephen W Brown et al. Advances in Service Marketing Management ［C］. Greenwich, Connecticut: JAI Press Inc., 1993.

［227］ Parasuraman A, Valerie A Zeithaml, Leonard L Berry. SERVQUAL: A Conceptual Model of Service Quality and Its Implications for Future Research ［J］. Journal of Marketing, 1985 (49): 41 –50.

［228］ Parasuraman A, Valarie A Zeithaml, Leonard Barry. SERVQUAL: A multiple-Item Scale for Measuring Consumer Perception of Service ［J］. Journal of Retailing, 1988 (64): 12 –40.

［229］ Parasuraman A, Valarie A Zeithaml, Leonard Barry. A Conceptual Model of Service Quality and Its Implication for Future Research ［J］. Journal of Marketing, 1985, 49 (3): 44.

［230］ Regan W J. The Service Revolution ［J］. Journal of Marketing, 1963 (27): 57 –62.

［231］ Riddle D. Service-Led Growth: The Role of the Service Sector in World Development ［M］. New York: Praeger Publishers, 1986.

［232］ Samuelson P A. The Pure Theory of Public Expenditure ［J］. Review of Economics and Statistics, 1954 (36).

［233］ Sasser W E, Olsen R P. Management of Service Operation: Text and Case ［M］. Boston: Allyn & Bacon, 1978.

［234］ Spohrer J, Maglio Paul P, Bailey J, Gruhl D. Steps Toward a Science of Service Systems ［J］. IEEE Comput, 2007 (40): 71 –77.

［235］ T P Hill. On Good Sand Services ［J］. Review of income and wealth, 1977 (23): 4.

［236］ Valarie A Zeithaml, Mary Jo Bitner, Dwayne D Gremler. Services Marketing: Integrating Customer Focus Across the Firm (5th Edition) ［M］. New York: The McGraw-Hill Companies, Inc., 2009.

[237] Valarie A Zeithaml, Leonard L Berry, Parasuraman A. The Nature and Determinants of Customer Expectations of Service [J]. Journal of Academy of Marketing Science, 1993, 21 (1): 1 – 12.

[238] Veronica Liljiander, Strandvik. Comparison Standards in Perceived Service Quality [R]. Helsingfors, 1996 (33).

[239] Weiner B. An Attributional Theory of Motivation and Emotion [M]. New York: Springer-Verlag, 1986.

[240] Yang Ching-Chow. The refined Kano's model and its application [J]. Total Quality Management and Business Excellence, 2005, 16 (10): 1127 – 1137.

[241] Zeithaml V, L Berry, Parasuraman A. Reassessment of Expectation as a Comparison Standard in Measuring Service Quality: Implications for Future Research [J]. Journal of Marketing, 1994, 58 (1): 121 – 122.

[242] Zeithaml V, L Berry, Parasuraman A. The Nature and Determinants of Customer Expectations of Service [J]. Journal of Academy of Marketing Science, 1993, 21 (1): 8 – 9.